孫子に経営を読む

伊丹敬之

日経ビジネス人文庫

文庫版はしがき

この本は、『孫子』の中にちりばめられた多くの言葉から、とくに経営にとって意味深いと私の心に響いたものを、私なりに「経営のための思考」という観点から読み解いた本である。

だから、本のタイトルを『孫子に経営を読む』とした。もっとストレートにいえば、私が勝手に三〇の言葉を選び、原本の構成とは関係なしに私なりの構想で並べ直し、それぞれの言葉の経営的意味を解釈してみた「伊丹流勝手解釈」の孫子本、というべきかも知れない。

この本のハードカバー版が出てから七年間、幸いにしてかなりの読者に読んでいただけたようだ。いいコメントや感想もたくさん頂戴した。なるほどこの言葉はこう理解するのか、という感想も頂いたし、こんな言葉が選ばれていることが驚きであり深く感じるものがあった、というコメントを頂いたこともある。

孫子の言葉でよく引かれるものの前後に、じつはさらに深い言葉があることが多い。それを読者に伝えたかったというのも言葉の選択の一つの大きな理由だったのだが、その意図が読者に伝わったようでありがたいことであった。

その本が、ハードカバーとしての寿命を終えそうになったときに、文庫本として生まれ変わることになった。自著がふたたび多くの方の手に入りやすくなることは、著者としては大きな喜びである。

私は、「孫子に経営を読む」際の読み解き方として、孫子の特徴を生かせるよう三つの基本スタンスを意識的にもつことにした。

第一は、「その先の」真実を考える、というスタンスである。

「その先」とは、少なくとも二つある。一つは、一見まったく当たり前に聞こえる言葉の、「その先」。もう一つは、アレこんなことをいうのか、と思えるような逆説的な言葉の、「その先」。

いずれの場合も、孫子はなぜそんなことをあえていうのか、を考え、その思考の奥を考えようとした。当たり前に聞こえることの奥の深さ、逆説が教える面白さ、それらを私なりに考えようとした。

孫子の特徴の一つは、その思考の深さとすごさなのである。

私の読み解きの第二のスタンスは、ついつい私も含めて多くの人が犯しがちな、ものの見方・考え方の誤り、それを考えるというものである。孫子が「ついついの誤り」を指摘している言葉を選び、その誤りの「なぜ」とその誤りが「もたらしてしまうもの」を考えようとした。

ついついの誤りを、多くの人は自分で意識せずに犯してしまう。その陰には、心理的な弱さがあることが多いであろう。自分を正当化したくなって、自分の不都合を隠したくなって、自分の気持ちを楽にしたくなって、ものの見方を誤ってしまうのである。そこを孫子は深く考えている。

孫子の特徴の一つは、人間心理の読み、とくに弱さの読み、の深さなのである。

第三に私が読み解きの際に重んじたのは、孫子がさまざまな事柄の間にほとんど必ずといっていいほど「あえて」つけているように見える、「複数の事柄の間の優先順位」をきちんと考えるというスタンスである。

孫子は、何かを考える際に複数の要因があるとき、つねに優先順位を明確にしようとしている。たんに必要事項をリストアップする、ということでなく、「一にA、二にB……」と明確なのである。あるいは、わざわざ、一、二と順序を数字で明記しないときにも、書かれる順序そのものが優先順位を反映していると考えられることが多い。

これは案外とつらい思考法で、あえて優先順位を自分の中でつけることで努力の濃淡や結果の重要性の大小に必ず思いをめぐらせる、ということを孫子は自分に強いていたのではないか、と私は考えた。それが、論理をくっきりとさせる。

孫子の特徴の一つは、思考における順序の尊重とそこから生まれる論理的明晰さなのである。

もっとも、こうして孫子の読み解き方のスタンスを著者である私が書くのは、料理人が自分の料理の仕方のポイントをお客様に伝えることに似ている。それを本の冒頭で読まされる読者は、料理を食べる前にその料理についての講釈を聞かされるようなものかも知れない。

もちろん、料理は食べて美味しいと思えるかが勝負、本は読んで意味があったと思えるかが勝負、である。ただ、読まれる際に、孫子の「思考の深さ」「人間心理の読みの深さ」そして「論理の明晰さ」を伊丹が強調していたな、と頭のどこかで思いながら読んでいただけば、より読書が面白くなるのではと期待している。

とにもかくにも、持ち歩くのが便利になった文庫版で、

Bon appétit !

二〇二一年六月

伊丹敬之

序　物理と心理の書、『孫子』

『孫子』は、中国古代の春秋時代、紀元前五世紀から前六世紀の頃に、孫子（孫武）によって書かれた兵書、というのが定説である。今から二六〇〇年も前のことである。

短い本で、字数にして漢字六〇〇〇字ほどにすぎない。古来さまざまな版があるが、この本で引用している岩波文庫版（金谷治訳注『新訂 孫子』）の本文ページ数は、漢文、読み下し文、注記、現代語訳をすべて含めてもわずか一六〇頁弱である。漢文だけであれば、四〇頁にもならないだろう。

本の構成は、次の一三の篇からなる。どの篇も短く、しかし魅力的なタイトルと内容になっている。

計篇（第一）、作戦篇（第二）、謀攻篇（第三）、形篇（第四）、勢篇（第五）、虚実篇（第六）、軍争篇（第七）、九変篇（第八）、行軍篇（第九）、地形篇（第十）、九地篇

（第十一）、火攻篇（第十二）、用間篇（第十三）

この短い本が、兵書としては現在でも世界的に有名な古典になっている。また、古来多くの武将がこの本を座右の書とした。

そのもっとも有名な例はおそらく、三国志で有名な魏の武帝・曹操であろう。彼は、自分で孫子注解を書いた本を残しているほどである（『魏武帝註孫子』）。部下の将軍たちのために書いたのであろう。二世紀の頃のことで、孫子の没後六〇〇年以上も経っている。

しかも、兵書としてばかりでなく、経営やリーダーシップについての本として読む人も多い。孫子はこの本を、国の最高指導者としての君主（君）や戦闘の指揮官としての将軍（将）が戦さというものをどう考えるべきか、彼らのあるべき姿は何か、について書いたのだが、その内容は企業や国の経営について、あるいは人間集団を率いるリーダーのあり方について、深い洞察に満ちている。

その洞察の源はもちろん第一に、孫子の人間理解の深さにあるのだろう。本のあちこちで、君や将の陥りやすい間違いについて、あるいは現場の兵の心理について、温かくも冷徹な視線を孫子は投げかけている。

そして深い洞察の第二の源は、国防と戦争について、つねに「物理」と「心理」の両にらみで考えるという、孫子のものの見方の基本であろう。戦争を指揮する人間は、戦争の物理的力学と将兵の人間心理学をきちんと両にらみで考えなければならない、と孫子は考えていたと思う。その複眼が、彫りの深い論理を生み出している。

こうして「人間理解の深さ」と「物理と心理の両にらみ」という二つの源泉があるがゆえに、経営やリーダーシップについての深い洞察を『孫子』から得ることができる。なぜなら、経営とは人間集団を率いること、統御することで、そのためには深い人間理解が欠かせない。さらに事業活動の現場では、事業の経済的力学と現場の人間心理学のかけ算で、すべてのことが動いている。片方だけでは、経営の全体理解はとてもできない。『孫子』の二つの源泉は、経営にも非常に意味があるのである。

その上、『孫子』の短さと表現の簡潔さもまた、読み手にものを考えさせ、そのため洞察を生みやすくしているのかも知れない。

孫子は、ぐだぐだと論理を展開するのではなく、ハッとするような結論だけを言いきる。本のあちこちに、箴言《しんげん》ともいえる深みのある表現が彫り込まれている。そこには、研ぎ澄まされた日本刀のような趣があり、読み手は「寄らば斬るぞ」といわれているような感覚をもち、しばしば端座せざるを得ない気分にもなる。

そして、短い簡潔な表現が多いために、つい人は行間・字間を読みたくなる。だから、ものを考えさせられるのである。

孫子はこの短い本を、さまざまな戦さの実態の観察と自らの経験をベースに、そこから論理を抽出する、という方法で書いたようである。孫子自身も将軍として呉王に仕えたという話が司馬遷の『史記』に書かれているが、そうした自分自身の経験に加えて、孫子は多くの事例を同時代のもの、歴史上のもの、さまざまに自分で調べたのだろう。

そうした歴史的な観察と同時代観察の集積の中から、孫子は戦さについて、国のあり方について、君主のあり方について、将のあり方について、さらには兵として戦う人々の心理について、深く思索をめぐらしたものと思われる。そして、多くの観察に共通する論理を引き出そうとした。

その努力は、兵書として比類のない果実を実らせた。
その果実を、本書では経営という視点から、私なりに読み解いてみたい。

目次

第四章　戦略の真髄

第一章

経営の本質

一　兵は国の大事なり
――企業の大事は何かを考えるのが経営者

「兵とは国の大事なり。死生の地、存亡の道、察せざるべからざるなり」

「兵者國之大事。死生之地、存亡之道、不可不察也」　計篇（第一）［金谷］26頁

『孫子』という短い本は、序で紹介したように一三の篇からなっている。その本全体のあちこちに、経営について含蓄の深い言葉が、ちりばめられている。それらの言葉の中から珠玉の三〇の言葉を私なりに選び、それらを経営のトピックごとに体系化して章として再構成したものが、この本である。もちろん、『孫子』原本の構成とはまったく違う。

私なりの体系化の第一は、「経営の本質」である。経営者のあるべき姿、といいか

えてもよい。以下、「将のあるべき姿」「兵の情」「戦略の真髄」「戦略的思考とは」「勢いは経営の肝」と第六章まで続く。

経営の本質を語る孫子の言葉の第一に置きたいのが、この節のタイトルにした右の言葉である（この本の節のタイトルは、原則、孫子の言葉を使っている）。『孫子』の第一篇は「計篇」という「兵のはかりごと」を書いた章で、その冒頭の一文がこれである。つまり、『孫子』全体の冒頭の文章であり、孫子の言葉の中でももっとも有名な言葉の一つである。

孫子は「兵」という言葉を、多様な意味で使う。ときには、兵とは戦さそのもの（戦闘行為）である。あるいは、兵は戦さの現場で動く兵士という人間を意味することもあり、さらには国防という大きな意味でも使われることがある。国防という国家としての行為の中心に将軍たちが指揮する戦争という行為があり、その戦争の現場に兵士がいる、という同心円のような関係が、「兵」の三つの意味にはありそうだ。

「兵は国の大事なり」での兵とは、「国防」と考えると私には一番ぴったりくる。戦争という「戦場での出来事そのもの」あるいは「戦さのやり方」と解釈するよりも、そのための事前準備や戦争を避ける外交も含めて、国防というより広い解釈がここではふさわしい。

孫子が生きた春秋時代は、中国大陸中心部が多くの小さな国に分かれ、戦さの絶えない時代だった。しばしば生き残りを懸けて、ときには覇権を争って、諸国が戦っていたのである。その時代に、国防とは国の大事なり、というのは一見、当たり前すぎるように思われる。国防は国民の死と生を分けるし、国家の存亡を決めるという指摘自体は、当然だからである。

しかし、孫子がこの一文のその先で強調したかったのは、国防という国の大事への基本スタンスだったと私は思う。

二つの基本スタンスがある、と私は解釈する。いずれも、国防すなわち企業経営、と読み替えても当てはまるスタンスである。

第一の基本スタンスは、「大事であるからこそ、少数のポイントに絞って合理的に考えるべき」というものである。第二の基本スタンスは、「大事だからこそ、君主の責任である」というスタンスである。

第一のスタンスについては、「ただ大事さを精神論で訓話するだけではまったくダメ」「焦点を絞らずにあれこれと思い悩むだけではダメ」と書き足せば、経営者にも当てはまることだと納得がいくだろう。

この冒頭の一文に続くのは、以下の文である。

「故にこれを経《はか》るに五事を以てし、これを校《くら》ぶるに計を以てして、其の情を索《もと》む」

つまり孫子は、五つの鍵になる要因がある、と具体的に指摘するのである（次節でその内容は紹介する）。それをよく考えよ、これをさらに比較するために七つの計について考えることが必要だ、という。まさに合理的思考である。そして、そうした要因についての情報を求めるのが肝要、と孫子はたたみかける。情報の重要性を強調するのも、『孫子』全体の特徴である。

戦略の鍵要因を少数に絞って比較計算をベースに考えるのは、現代の経営戦略の教科書も同じである。ＫＦＳ（Key Factor for Success）といえば、今様に聞こえるだろう。また、そうした合理的思考を強調するのは、今では当たり前に聞こえるかも知れないが、昔は占いで戦争のやり方を決めていたという話もあるくらいだから、当時としては先端的であったろう。

もっとも現代の企業戦略でも、さまざまな社内力学、社外力学の結果として、冷静に考えると合理的とは思えない戦略がしばしばとられてしまっている。孫子のいうことは当たり前すぎる、と簡単に片づけるわけにはいかない。

『孫子』は一二番目の篇として置かれている火攻篇の一節で、国家の君主が怒りなどの非合理的な理由で戦さを始めることを諫めている。そして、こう書く。

「利に合えば而《すなわ》ち動き、利に合わざれば而ち止まる」（火攻篇〈第十二〉［金谷］172頁）

つまり、利に合えば動き、利に合わざれば止める、というのである。利とは総合的なメリットのことである。まさに国にとっての総合的メリットという合理性を判断基準にせよ、というのが、孫子の一貫した基本的考えなのである。

「国の大事だからこそ、君主の責任である」という第二のスタンスも、当たり前に聞こえる。しかし、企業経営の世界でも、専門家集団に企業の大事を任せすぎの経営者、ときには専門家集団に振り回される経営者、という姿をしばしば見るにつけ、このスタンスもあらためて強調する意味がありそうだ。

『孫子』に登場する人間たちの主なグループは、一つの国家の中で、君、将、士、兵の四つである。君とは、君主である。将とは戦さを現場で指揮する将軍であり、士とは戦さの現場のいわば中間幹部としてのリーダーである。そしてもちろん、実際に戦闘行為を行う兵がいる。

この四種類の人たちの中で、戦さを現場で指揮する将軍が国防の責任者だ、と間違える人がしばしばいる。「自分たちは国防や戦争の専門技術者である。だから、その専門性ゆえにこの分野の責任をもつべきだし、もって当然である」という思い違いである。

もちろん、戦闘が実際に起きている現場での基本戦略の選択は、現場の指揮官たる将軍の仕事だろう。しかし現場の戦闘だけが国防のすべてであるわけではない。むしろ、実際に戦闘行為が起きていないときの国防への深慮遠謀が重要なことが多い。同盟関係を模索するとか、国内の戦闘力強化とそのための資源の確保に努めるとか、国民の国防意識を高めるとかである。

　だからこそ、国防の最高指導の責任は、君主にある。現代風にいえば、政治の責任者にある。それは、「兵は国の大事なり」だからである。それが、孫子のこの言葉の一つの含意である。

　第二次世界大戦時のイギリスの首相、ウィンストン・チャーチルは、孫子のこの言葉に大賛成したに違いない。

　彼の名著『第二次世界大戦』（これで彼はノーベル文学賞をもらった）を読めばよく分かるが、軍人ではなかったチャーチルという大政治家が、じつは第二次世界大戦の連合国側の軍事と外交の基本戦略決定の中心にいた。彼が、イギリスの首相として政治の責任者であったと同時に、国防の最高責任者として実際に機能した。

　チャーチルは、大きな戦闘の基本方針の決定において中心的役割を果たした。さらに、外交的努力の中心でもあった。たとえば、アメリカのヨーロッパ戦線への関与への働きかけやアメリカからの物資の供給の確保のための基本決定に、とくに中心的役割を果たしていた。

彼の存在がなければ、フランスを電撃作戦で短時間に席巻したアドルフ・ヒットラーにイギリスすらも蹂躙され、結局はヒットラーがヨーロッパを支配してしまった可能性は高かったろう。まさに、国防の最高指導の責任を政治家チャーチルが果たしたのである。

ひるがえって第二次世界大戦当時のわが日本を見てみると、軍人が政治を振り回していた。戦争はわれわれの専門だから政治家などが口を出すな、というスタンスであったのだろう。これでは、戦争にも勝てないし、国は滅びかねない。

企業に置き換えてこの言葉を解釈してみると、企業の大事にあたるものの代表例が、企業の生命線を握る技術である。技術は企業の存立基盤であり、企業の競争力の源泉である。そして、国防と同じように技術にも専門家集団がいる。技術者たちである。

だから孫子の言葉の企業的含意の一つは、技術の最高指導は企業の指導者である経営者の責任である、技術者集団に全面的に委ねてはならない、ということになる。

技術者たちが作ってしまった「ガラパゴス」、という多くの日本企業が置かれてしまった現状を考えると、経営者たちには耳の痛い含意ではないか。

一に道、二に天、三に地、四に将、五に法

――まず理念で人心の統一を

「一に曰《い》わく道、二に曰わく天、三に曰わく地、四に曰わく将、五に曰わく法」

「一曰道、二曰天、三曰地、四曰將、五曰法」計篇（第一）［金谷］26頁

これが、君（君子）が兵について考える際に注目すべき五つの鍵要因であると孫子がいうものである。

前節で引いた「其の情を索む」という文章の直後に、この一文がくる。そして孫子は続いて、この五つの要因の意味を簡潔に説明している。

まず道とは、「民をして意を上と同じくさせる者」だという。道という言葉自体は、

あるべき姿についての理念のことであろう。それを君がしっかりと考え、かつきちんと提示すれば、上下の意思を統一させる機能をもつ、という。そして、そうした意思統一ができれば、民は自分の生き死にを君に委ね、疑うことはない、とまで孫子は続いて書いている。

第二と第三の要因は、自然環境のことを指している。天とは気候、天候や時間、地とは地形などである。いずれも戦争を実際に行うにあたって重要な環境条件である。企業経営の世界であえて解釈すれば、天とは人口や資源という自然環境や技術環境などであろうか。そして地とは、国際環境や市場環境という人間社会の環境を指すと考えればいいだろう。

いずれも、一企業ではどうしようもない環境条件で、しかし時代の流れを決めているものである。企業としてはうまく利用すべき、対応すべき外部要因、と考えればよい。

第四の要因、将とは、現場の戦闘の指揮官である。企業でいえば、現場の事業の責任者といっていい。将が備えるべき要件について孫子は、智、信、仁、勇、厳、だと簡潔に述べるだけである。これについては、第二章で将のあるべき姿を論じる際に一節を割いて考えよう。

そして最後が、法である。法とは、法律のことではなく、組織のマネジメントのための経営システムと思えばいい。孫子の言葉では、曲制、官道、主用が、法の内容である。曲制とは軍隊の部隊編成、官道は職制や権限、主用は指揮命令系統のことである。つまり、孫子がここでいう法とは、企業の言葉でいえば、組織の構造とその運用体制、つまりは経営システムのことなのである。

企業にも通用する言葉でこの五つの要因をいいかえれば、一が理念、二と三が環境、四が現場の指揮官、五が経営システム、ということになる。しかし企業経営について考えるなら、私は二と三に環境をあげるのではなく、戦略をあげる。なぜなら、理念も現場の指揮官も経営システムもすべて企業の中で経営者が提示する、用意する必要のあるものだが、環境だけが企業の外の「重要考慮要因」で、他の要因と次元が異なっている。異質なのである。

そして環境を出発点にして、それへの対応を懸命に考え抜いて経営者が決めるべきもの、企業の人々に提示すべきものは何か、を考えると、戦略が浮かび上がる。戦略とは、環境にどう対応するか、どう働きかけるか、という事業活動の基本設計図のことである。だから、経営者の仕事として次元を揃えるならば、環境をあげる代わりに、戦略をあげるべき、ということになる。

したがって、理念、戦略、現場の指揮官、経営システム、この四つが経営の成否を決める企業の内部変数で、企業を取り巻く外的要因として環境がある、と孫子の言葉を読み解くことができる。経営者の考えるべきことを語っていて、まさにドンピシャである。

私は四つに集約してしまって読み解いたが、孫子は案外五つの要因にこだわるかも知れない。君の仕事に限らず、孫子が重要な要因の分類あるいは状況の分類として列挙するとき、孫子があげるポイントの数はしばしば「五つ」だからである。たとえば、先に紹介した将のもつべき要件も五つである。

複雑にからんだ問題を五つのポイントに集約して考えるのが孫子の基本的思考法、といえるようだ。思考の限界、伝達の限界、実行の限界など、人間がもつさまざまな限界を考えると、複雑なことを考える際には五つ程度がよい、ということなのだろう。あるいは中国古来の陰陽五行説（万物は五つの元素、木・火・土・金・水、から成り立っているとする自然哲学）の影響で、五という数なのかも知れない。

そして、孫子はしばしば五つのポイントをあげるだけでなく、その中の優先順位を明確に考えている。これも大切なことである。考慮要因のリストアップをするだけで、その中の濃淡や優先順位をきちんと考えなければ、現実に人を動かす戦略も組織も作れない。孫子の思考法として、「五つ」と「優先順位」は重要な構成要素だと思われる。

ここでも、五つの要因はその重要性の順序で並べられていると考えるべきだろう。経営の言葉にいいかえて表現すれば、理念、戦略、現場の指揮官、経営システム、という順序なのである。もちろん状況によってはこの順序を変える必要もあるだろうが、一般的には私もこの順序で経営者の考えるべきことの優先順位をつけることに、賛成である。

たとえば、現場の指揮官の重要性は戦さでも企業でも論を俟《ま》たないが、それでも理念や戦略の次にくる要因なのである。いくら現場の指揮官が優秀でも、理念が不十分で戦略が間違っていれば大きな成果にはとてもつながらない、ということになる。あるいは、心にしみる理念やうまくできた戦略の下で仕事をしていくと、じつは人が育つということもありそうだ。人は仕事の場で育つからである。だから、仕事の意味や具体的内容を指し示すものとしての理念や戦略の方が、上位にくるのである。

そして、五つの要因の最初に道をあげていることは、十分注目されていい。しかも孫子は道、つまり理念のもたらしてくれるものを、明確に意識している。人心の統一、上下の意思の統一である。

それが、兵にとって、国防にとって、一番大切だ、と孫子はいっているのである。国を守る意思が民の間に統一されていなければ、いかに装備が優れていて、軍隊編成が効率的でも、結局は戦さに勝てない。現場で、自らの命を賭して現実に戦うのは、一人ひとりの兵士なのである。

企業でもまったく同じである。現場で汗を流し、知恵をひねり出して事業活動を行うのは、現場の一人ひとりの従業員である。彼らの間の、そして彼らと経営者の間の人心が一つになっていなければ、一人ひとりの行動はバラバラになる。それでは市場競争に勝てない、現場の効率は上げられない。すべては、チームプレーなのである。

　こうした孫子の考えは、経営理念の共有を企業経営の最重要事項と説く経営者、たとえば、松下幸之助や稲盛和夫たちの考えと、ぴったりと重なる。彼らもまた、人心の統一とそのための経営理念を何よりも重んじた経営者である。

　兵法の人である孫子が、道あるいは理念をもっとも大切と考えていることに、驚く読者もいるかも知れない。しかし孫子にとって、兵法とは戦場での物理的力学の問題だけでなく、戦う将兵たちの人間心理学の問題でもあったのである。その心理学の一丁目一番地が、人心の統一であり、そのための道の大切さなのである。

　さて、最後に、孫子の言葉が研ぎ澄まされていることについて。

　それを感じさせるいい例が、この節で引いた道をはじめとする五つの要因の短い議論の中にある。何かについて、「聞く」こと（つまり、聞いて知識として頭の中にあること）と「知る」こと（つまり深く理解すること）の違いについての、鋭い指摘である。

孫子は道から法までの五つの要因を簡略に説明した後、すぐにこういう。

「凡《およ》そ此の五者は、将は聞かざること莫《な》きも、これを知る者は勝ち、知らざる者は勝たず」

つまり、多くの将がこの五者の大切さを「聞く」ことはしばしばで、知識としてはもっている。しかし、「深く理解する」という意味での「知る」という段階にまで至る人は少ない。そこまで至ってはじめて、勝者になりうる。

「聞く」と「知る」とは大違い、なのである。

三　算多きは勝ち、算少なきは勝たず
——論理的積み上げの大小が、未来を決める

「算多きは勝ち、算少なきは勝たず。而るを況《いわ》んや算なきに於《お》いてをや」
「多算勝、少算不勝。而況於無算乎」　計篇（第一）〔金谷〕33頁

「算」の意味として、白川静博士の『字通』（平凡社）では、「数える」ことと「はかりごと」の二つを最初にあげている。もともとは算とは数える、計算するという意味であったのであろうが、計算すれば、その計算にもとづいて人間は計画を立てるようになる。つまり、はかりごとをめぐらすことになる、ということであろう。

ここに引用した文章は、計篇（第一）の結語ともいうべき位置づけのものだが、こ

こでも算という漢字は、こうした二つの意味で使われていると解釈すべきだろう。

算の対象となるのは、たとえば前節で説明したような、道を第一とする国防の五つの基本要因であろう。それらの要因について、敵軍と自軍の比較をきちんとして、その上で対策としてのはかりごとをめぐらすことが多ければ、戦さに勝つ可能性は高い。孫子がいいたいのは、そういうことであろう。

そうした計算と論理的組み立てが算の内容だが、その質と量がともに大きければ、戦さに勝てる。それが小さければ戦さには勝てない。ましてや、算なき場合には、勝てるはずがない、というのがこの節で引いた孫子の言葉の意味である。

しかもその「算」とは、「戦さに入る前」の「廟算《びょうさん》」だ、と孫子はいう。ここで引いた「算多きは勝ち、……」という文章の前に、こう述べている。

「未だ戦わずして廟算して勝つ者は、算を得ること多ければなり」

廟算とは、君主の祖先たちを祀ったお霊屋《たまや》での算ということである。古代中国では戦さに入る前に、戦勝祈願もかねて先祖の宗廟で作戦会議を開き、戦さの計画を決めるのが常であったらしい。その際に、相手と自軍の比較を突き詰めて考え、その上で戦さの計画を考えれば、最終的な利害得失の「算」の結果が得られる。その大小で戦さの勝ち負けは事前に予想できる、ということである。

その廟算で「算を得ること多し」というのは、前節で紹介した五つの基本考慮要因をさらに具体化した、次の七つのポイント（七つの計）についての比較考量による、と孫子は考えていたようだ。

「主　孰《いず》れか有道なる、将　孰れか有能なる、天地　孰れか得たる、法令　孰れか行なわる、兵衆　孰れか強き、士卒　孰れか練《なら》いたる、賞罰　孰れか明らかなると。吾れ此れを以て勝負を知る」（計篇〈第一〉［金谷］27頁）

つまり七つの計とは、主の道、将の能力、天地の得失、法令の実行、兵たちの強さ、士卒の練度、賞罰の明確さ、である。この七つのポイントで相手と自軍を比較して、それで勝敗の行方を知ることができる、と孫子はいうのである。賞罰が明確かどうか、というようなポイントが入っているのが、孫子らしくてユニークである。

孫子はこのように「未だ戦わずしての廟算」をきわめて重んじるのであるが、その指摘からわれわれが汲み取るべきことが、二つありそうだ。

第一に、それらの計算やはかりごとが戦さに入る前のもの、つまり事前のものである、ということである。戦さの最中の計算や思考ではなく、事前の計算やはかりごとこそが大切なのである。

第二に、それがお霊屋での算であることである。ただの「算」ではなく、先祖に恥じない算をすることが大切なのである。

まず第一の点から考えてみると、その意義は、事前の算で勝つべき状況にもっていく必要がある、ということにある。いいかえれば、戦さはじつは始まる前に勝負がついている、ということになる。戦さはやってみなければ分からない、という冒険主義への強烈なアンチテーゼである。

なぜ、孫子はここまでいいきるのか。その理由を私なりに推測してみると、二つありそうだ。

第一は、「戦さはじつは論理である」という孫子の信念であろう。もちろん戦場で起きることのすべてのディテールを、算という事前の論理的推論で予想できるわけではない。しかし、戦さの大きな行方についての基本線の論理はあり、それを外せば戦さには勝てない、と孫子は考えていたのであろう。

第二には、「事前に深く考えた人が結局は勝つ」という、これも孫子の信念であろう。事前に論理的に考える量が大きくかつ質が高ければ、いざ戦さの現場で事前の予想と違う状況になっても、適切な対応をとれる可能性が高まる。何が事前の予想と違ったかがすぐに理解できるだろうし、また事前の計画の論理が分かっていれば、新しい状況への対応の論理も作りやすいからである。だから、事前の算通りに事が進まなくても、結果として勝てる確率は高くなるのである。

私は、経営でもまったく同じだと思っている。経営は論理であり、そして、事前の計算やはかりごとの深さが結局は経営の実績を左右する。想定外の環境変化ゆえの短期的な転変はありうるものの、長期的にはやはり「算多きは勝つ」のである。

たとえば、小倉昌男氏（一九七六年にヤマト運輸で「宅急便」ビジネスを始め、その後の日本人の社会生活の基礎部分を変えてしまった）は、「経営は論理である」とその著書で喝破している。

「経営者にとって一番必要な条件は、論理的に考える力を持っていることである。なぜなら、経営は論理の積み重ねだからである。（中略）

要するに、自分の頭で考えないで他人の真似をするのが、経営者として一番危険な人なのである。論理の反対は情緒である。情緒的にものを考える人は経営者には向かない」（小倉昌男『小倉昌男 経営学』日経BP）

さらに、経営者の役割が決断の前に深く広く考え抜くことであることは、多くの経営者が強調している。その意味でも「算多きこと」は経営に不可欠なのである。それを見事に表現した言葉が、本田技研工業（ホンダ）の創業者の一人、藤澤武夫さんが六三歳の若さですっぱりと現役を引退した際の退任挨拶状にある。

「三日間くらい、寝不足続きに考えたとしても間違いのない結論を出せるようでなければ、経営者とはいえない。平常のときには問題がないが、経営者の決断場の異常事態発生のとき、年齢からくる粘りのない体での〝判断の間違い〟が企業を破滅させた例を多く知っている。（中略）五〇で死んだ信長には男性的展開の未来が画けるが、

年を重ねた秀吉にはそれがない」（山本祐輔『藤沢武夫の研究』かのう書房）

次に、「未だ戦わずしての廟算」ということを孫子が強調していることの第二のポイント、それがお霊屋（廟）での「算」であること、に議論を進めよう。つまり、ただの「算」ではないのである。

なぜ、廟での算か。

それは、歴史に恥じない算をせよ、ということなのであろう。先祖に対しても、そして後世に対しても、恥じない算を徹底的に突き詰めること。それが、廟算が要求することである。

歴史に恥じないとは、二つの意味をもっていそうだ。一つは、歴史の流れをきちんと考え、歴史の動きに逆らわず、しかしときには歴史の動きにうまく乗るようなことを考えよ、という意味。もう一つは、同時代の他者のさまざまな動きや時間軸の上で時代を動かしている力を考えるような、そういった大きな地図を自らもった上でものを考える、その大きな地図の中に自らを置いて考えるという意味。

つまり、歴史の流れと大きな地図、その二つをきちんと考える思考が、「歴史に恥じない」廟算には必要とされる。

経営者の仕事の中でもとくに大切なのは、企業の発展の構想を作ることである。そこでこそ、歴史に恥じない廟算が要求される。算多きが勝つ、という孫子の言葉は、その構想の背後に秘められた論理的積み上げの大小がじつは企業の未来を決める、と解することができそうだ。

四　勝ちを知るに五あり

――上下が欲を同じくし、経営者は現場に口出ししない

「勝ちを知るに五あり。戦うべきと戦うべからざるとを知る者は勝つ。衆寡の用を識《し》る者は勝つ。上下の欲を同じうする者は勝つ。虞《ぐ》を以て不虞を待つ者は勝つ。将の能にして君の御せざる者は勝つ」

「知勝有五、知可以戰、與不可以戰者勝、識衆寡之用者勝。上下同欲者勝、以虞待不虞者勝、將能而君不御者勝」　謀攻篇（第三）［金谷］51頁

ここに引いた「勝ち」についての孫子の言葉は、『孫子』の第三篇である謀攻篇の最後にある名言だが、じつはこの文章の少し後に『孫子』の数々の名言の中でももっとも有名な名文句がさらに続く。

「彼れを知りて己《おの》れを知れば、百戦して殆《あや》うからず」

この名文句の陰に隠れてしまうのか、その直前に置かれたこの「勝ちを知るに五あり」という文章は、それほど広く知られていないようだ。

ちなみに、「彼れを知りて己れを知れば」という名文句にさらに重要な一節を加えた名言が地形篇（第十）にあるので、そちらを本書では第五章「戦略的思考とは」で取り上げる。ここでは、この「勝ちを知るに五あり」という文章の意義を、経営の視点から考えてみよう。

この言葉は、「どんな状態になっている者が勝てるか」を五つのタイプに分けて述べたものである。

まず第一に、戦うべき状況かどうか、判断できる者。

戦うべきだと思える状況でも、実際に戦って勝てるとは限らない。ましてや、戦うべきでない不利な状況であえて戦さを挑んだとしても、負けること必至である。

戦うべきか戦わざるべきかの判断ができる者とは、自分の置かれた環境の有利不利の判断ができる者であり、自分たちの能力がその環境の中で勝ちを獲得できるレベルになっているかを判断できる者である。そして、そうした判断のもとになる情報をしっかりと入手している者でもある。

勝てる者の第二のタイプは、現場の作戦行動を兵力の大小に応じて適切に工夫できる者。

衆寡の用とは、兵力の大小などをうまく使いこなすことである。そうして現場の作戦行動、あるいは企業の言葉でいえば組織の動かし方をきちんと工夫できる者なら、たしかに勝つ可能性は高いであろう。戦力はただ大きければいいというものではない。小粒な兵力でもそれを機敏に使い回せば、量的規模に優る敵にも対応できることがある。

勝てる者の第三のタイプは、組織の上下で同じ思いと欲を共有している者。

つまりは、人心の統一ができていて、上も下も同じ方向を目指している、ということである。

『孫子』では、あちこちで人心統一の重要性が説かれている。すでに第二節で道（理念）を成功の第一の鍵要因として紹介したが、それも人心統一をもたらすためであった。経営においても、人心統一の重要性については多言を要しないだろう。

続いて第四に、自ら深く考えて準備をし、相手が準備のないまま行動するのを待ちかまえている者。

虞とは、おもんぱかる、ということで、つまりは深く考え、事前の準備をするということである。その準備とは、さまざまな蓄積をしっかりしておくというだけでなく、兵力や資源の効果的な運用のための体制や計画の準備もあるだろう。そんな蓄積と準備の整った軍が、不虞（つまり備えのない）の軍を待ちかまえていれば、戦いに勝つ確率は高い。

ここで、「待つ」という表現がわざわざ入っているところが、にくい。たんに、虞をせよというだけではないのである。考えた上で「待ちかまえている」者が勝つ、と孫子はいう。

なぜその敵は不虞なはずなのにあえて戦さを挑んでしまうのか、事情はさまざまにあろう。それをときに予想して、ときに相手を挑発して、しかしとにかく自分の方は虞である状態にして、待っているのである。「飛んで火に入る夏の虫」を待つ、と表現してもいいかも知れない。その火を用意せよ、火の明るさで相手を誘え、ということであろう。

最後の第五のタイプは、孫子らしく、秀逸である。現場の指揮官たる将の能力が高く、最高責任者である君（経営者）は将のたづなをとっていちいちコントロールしない（つまり、御さない）者が勝つ、というのである。

現場を預かる将が有能でなければならないのは当然だが、その将に君があれこれと口を出し、制御するようでは勝ちには遠い、と孫子はいっているわけである。言葉をかえれば、現場への権限委譲が大切、ということになる。あるいはさらに一歩踏み込んで、本社が現場の事業をコントロールしたがる企業に発展はない、と読み替えてもいい。

経営の言葉でこの五つの「勝ちを知る」者のエッセンスを箇条書きにすれば、次のようになる。

- 環境の中の自分の立ち位置の判断
- 現場での人や資源の運用
- 人心の統一
- 自分の側の準備や蓄積
- 現場への権限委譲

こうした五つの状態が揃っていれば、企業は勝てる、発展できる、というのは読者も納得できるだろう。まさに、経営の本質をついた、五つの「あるべき状態」の姿である。

ただ、こうして整理されて表現されると、どこか「いわれてみれば当たり前」という感じもないではない。「それでなんぼのものか?」とつい考える読者もいるかも知れない。しかし、読者の周りの現実を振り返ってみれば、この五つの「勝ちを知る」者から外れる事例がかなり多いことに気づくであろう。

戦うべきでないのに、ついつい「前進あるのみ」などと叫んで戦いたがる経営者。

ただの量的算術しかできなくて、柔軟な部下の動かし方などの工夫ができない経営者。

部下の思いが自分の思いと同じになっているかどうかには無頓着で、ただ命令すれば部下は動くと思っている経営者。

深く考えることなく、準備に十分なエネルギーを注がない経営者。

ハンズオンなどと称して現場の細かいことに口を出すのが仕事だと勘違いしている経営者。そのくせ、責任だけは部下の責任だという。

そして、「いわれてみれば当たり前」とはいっても、それをきちんと整理して指摘できる能力は、じつは稀である。孫子は、そのような稀な例の古典的なものなのであろう。だから、いわれてみてハッと気がつく。

しかも、その整理を五つの項目でやってのけるのも、孫子ならではである。この章の第二節（一に道、二に天、三に地、四に将、五に法）でも、孫子があげる要因の数は五つであった。ここでも五つ。やはり孫子の思考は「五」に集約することが多い。

そして、第二節の五つの鍵要因と、この節の五つの「勝ちを知る」者の間には、ものを考える際の注意事項を示唆する面白い関係が秘められている。

第二節の五つの鍵要因は、君が（あるいは経営者が）考えるべき要因である。いわば、何に関して思考をめぐらすべきか、についての五つの項目である。そして、この節で解説している「勝ちを知る」者の五つは、君が実現を目指すべき、「あるべき姿」そのものを描いている。

つまり、第二節の言葉では孫子は「君は何について考えるべきか」を述べ、この節の言葉ではそうした思考の結果として、より具体的に、「どんな状態の姿に国を、組織をもっていくべきか」を述べているのである。

考えるべき要因をはっきりさせるのはもちろん重要だが、それだけでは思考の入口だけであり、不十分である。その要因についての思考をどこへ向けてめぐらせればいいのか、目指すべき方向（つまり出口）をはっきりさせる必要がある。つまり、「何について考え、どこを到着点とするか」、入口と出口の両方が必要だ、という思考の法則を孫子は教えている。

思考の結果としてどこを目指すべきか、どこまで行かなければいけないか、それを意識していないと、思考はただ空回りになりがちで、具体的な行動案など思いつかない。しかしそれでも、考えたという自己満足は感じてしまう。それで、十分に思考をめぐらせたと錯覚する人も出てくる。

経営学の本に載っている分析枠組みの多くは、こうした「何について考えるべきか」を書いたものである。企業の強みと弱み、環境の機会と脅威を分析するというSWOT分析などはその典型例であろう。それで分析したからといって、わが社はどうすべきかという具体的行動案が出てくるわけではないが、分析したという自己満足は残る。われわれ経営学者も気をつけるべき錯覚であろう。

五　君の軍を患うる所以の者には三あり

――任して任さず、を外れる経営者の姿

「君の軍を患《うれ》うる所以《ゆえん》の者には三あり。
軍の進むべからざるを知らずして、
これに進めと謂《い》い、軍の退くべからざるを知らずして、これに退けと謂う。
是れを軍を縻《び》すと謂う。
三軍の事を知らずして三軍の政を同じうすれば、則ち軍士惑う。
三軍の権を知らずして三軍の任を同じうすれば、則ち軍士疑う」

「君之所以患於軍者三。不知軍之不可以進、而謂之進、不知軍之不可以退、而謂之退。是謂縻軍。不知三軍之事、而同三軍之政者、則軍士惑矣、不知三軍之權、而同三軍之任、則軍士疑矣」　謀攻篇（第三）〔金谷〕49頁

これは、謀攻篇の終盤部分で、前節で引いた「勝ちを知るに五あり」という言葉の少し前に書かれている言葉である。君の行動として軍に災《わざわ》いをもたらすようなこと、についての言葉である。

第一章で私は、経営の本質といういわば大枠についての孫子の言葉を五つ選んで解説している。その最後の節として右の言葉を取り上げるのは、これまでの四つの節が経営者が「行うべきこと」を述べた言葉だったのに対して、この言葉は経営者が「やるべきでないこと」を述べているからである。しかも、多くの経営者がついついやってしまいそうなことが出てくる。

軍を患うるとは、軍を煩わすと理解していいだろう。その患うること三つのうち第一は、軍を縻す（拘束する）ことで、軍を進めるべきでないのに進めと命じるとか、退くべきでないのに退けと命じることなどである。

経営の言葉でいえば、現場の実情を知らないままに現場の行動を縛るような命令を出すことである。たとえば、多角化した分野での新規事業の立ち上げで現場が苦労して種を蒔いている時期に、経営者がじれったくなって「もっと早く利益を出せ」と短期的利益重視の作戦を強要する姿は、あちこちにありそうである。そのような現場は、将来への蓄積を無視してでも、泣く泣く刈り取り行動に出ざるを得なくなる。

患うることの第二は、軍の士卒を惑わすことである。三軍とは、君の軍隊が三部構成であることを指し、軍全体という意味であるが、その軍の実情を知らないままに現場の軍政に口を出せば、現場は誰の指示に従って戦うべきか、惑うのである。

軍政の要の一つは、現場の人事であり、現場の体制作りであろう。そこに現場の実情を知らない君が容喙《ようかい》すれば、現場は混乱する。経営の世界でも同じで、現場の実情にそぐわない人事や組織変更で現場が混乱している事例は少なくないであろう。

患うることの第三は、軍の士卒が疑うようなことを君がすることである。三軍の権とは、三軍の臨機応変の措置とそのための計画のことであるが、それを君がよく理解しないままに現場の行動へ細かな口出しをすれば、現場は疑い始める。誰が一体本当の現場指揮権をもっているかを疑い、さらには現場を知らずして細かな口出しをする君の存在意義を疑うかも知れない。

経営の世界でも、経営者の不用意な口出しが現場に疑いをまき散らす事例は多そうだ。たとえば、経営者としては親切のつもりで「あの顧客を攻めたらどうだ」とつい一言もらすと、現場はその顧客はターゲットではないと思っていても、経営者の発言だから尊重せざるを得ないと思ってしまう。現場はそれで、ムダな行動をとることになる。その上、経営者を信用しなくなるかも知れない。現場のことを知らないままに、細かな口出しだけをするうるさいオヤジ、と疑いを抱くようになるのである。

現場を拘束する、現場を惑わす、現場に疑いをもたらす。経営の世界でも、トップの経営者がついつい現場に口出しをして、同じような三つの災いをもたらすことは、容易に想像される。軍も同じなのである。だからこそ孫子は、この君のもたらす災いをこのくだりで述べた後、謀攻篇の最後で前節に引いた「勝ちを知るに五あり」というくだりの末尾の言葉を書きたくなったのであろう。

つまり、前節で紹介したように、「君の御せざる者は勝つ」。

孫子は、君が現場に介入することをよほど警戒していたらしい。次の章で将のあるべき姿についての孫子の言葉を紹介するが、そこでも、「将は君の命令に反した行動をとるべきときがある」とはっきりいうのである。自分が呉の将軍として呉王に仕えていたこともある孫子は、実際に君に介入された苦い経験があったのであろうか。「君の御せざる者は勝つ」というのは、相当強烈な言葉である。その言葉は、経営の世界でよくいわれる、「経営とは、他人を通して事をなすことだ」、という言葉と呼応する。「他人を動かす」のに、「御する」という態度でいいか、ということである。

その他人とは、部下のことなのだが、部下だからこそ経営者との間には否応なしに権力関係が生まれており、しかし部下も人間なのだから、当然に自分の考えや感情をもっている。その他人たちが、企業の実際の仕事をしてくれている。経営者が製品を開発し、生産し、販売しているのではないのである。その「他人」の行動を経営者が御そうと思っても、そう簡単にはいかない。

彼らの感情に配慮し、彼らの思考に思いを致し、自分が権力を否応なしにもってしまっていること、彼らがその権力に反応しがちであることに十分注意する。だからこそ、経営者は自分の言動が現場にどんな影響を与えてしまうかを、十分すぎるほど注意する必要がある。現場を縻してはならない、惑わせてはならない、疑わせてはならない。

経営者が現場へ大きな構想を描いて見せることはもちろん必要だが、「現場を自ら御する」ような行動をとっていては、現場が臨機応変の策もとれないし、現場のモチベーションも上がらないだろう。他人のいいなりになるだけでは、真のやる気は出てきにくい。自律感こそ、大切なのである。

しかし経営者は、現場のさまざまな努力の集積としての企業業績には最終的に責任をもたなければならない。君が国の最後の責任者であるように、経営者は企業の最後の責任者である。しかも、結果責任を問われる立場である。

その立場を考えると、ついつい「現場を御する」行動をとりたくなってしまうのは、人情として理解できる。しかし、御してはいけない。では、いかにして「御さずして、経営する」のか。

それに対する孫子の答えが、この章の第二節であげた、「道、天、地、将、法」の五要因なのであろう。いちいち現場の行動に細かく口を出すのではなく、経営理念を定め、浸透させ、戦略を決断し、現場の指揮官を選び、そして経営システムを準備する。その上で、あとは現場に任すこと、それが経営なのである。

ただし、任すといっても、任せっ放しではまずい。松下幸之助さんの言葉に、「任して、任さず」という名言がある。「基本は任して、しかしいざというときには任さず、そして任した結果の評価はつねにする」という意味であろう。だから、任さないで自分が介入すべき「いざ」というときを知るために、さらに結果の評価をするために、経営システムをきちんと作ることが大切になるのである。

しかし、「軍を患うる」ような言動だけは、経営者は避けなければならない。相当の忍耐が必要であろう。その忍耐の程度を語る名言が、イノベーションで有名なアメリカの化学メーカー3Mで、語り伝えられている。

“The captain bites his tongue until it bleeds.”

船長は、血が出るまで舌を噛んで、我慢する。もともとは、アメリカ海軍で伝えられてきた言葉だそうである。さらにその源泉は、イギリス海軍かも知れない。

孫子、英米海軍、そして3M。二〇〇〇年の歴史を超えて、海を越えて、名言は響きあう。

第二章

将のあるべき姿

一　将とは、智・信・仁・勇・厳なり

――リーダーには、勇や厳よりも大切なものがある

「将とは、智・信・仁・勇・厳なり」

「將者智信仁勇嚴也」　計篇（第一）［金谷］26頁

第一章では、経営の本質にかかわる、つまりは君（君主）のとるべき行動や考えについて孫子が語っていると私が考えた言葉を紹介した。いわば、経営者のあるべき姿、である。この第二章では、現場の指揮官としての将のあるべき姿について、孫子の言葉を五つ私なりに選んでまとめてみた。現場の事業責任者のあるべき姿である。ときには、事業に直接かかわっている経営者の姿、とも読めるかも知れない。

前章第二節で、「道、天、地、将、法」という国防（そして経営）を考える五つの重要な鍵要因を紹介したが、その中で、孫子は「将」を五つの鍵要因の第四にあげていた。そして、同じくだりの数行後に、将の要件として孫子が短く述べているのが、ここに引いた一文である。

智とは、ふたたび白川静博士の『字通』によれば、知恵があることであり、聡《さと》いことである。さらには、はかりごとという意味もある（以下も、漢字の意味については『字通』による）。つまり、智を備えた将は、戦場での巧みな作戦を自分の頭で組み立てられるし、兵士たちの心や行動についても聡く考えられる、ということであろう。

信とは、まこと、である。人に言う、と書くこの字で想定されている発言は誓いの言葉である。だから、信とは他人や天に対する誠実さを意味する。そのまことがあるから、他人から信頼される。

仁とは、いつくしむこと、めぐむことである。転じて、他人を思いやること、あわれむことでもある。仁は、孔子によって儒教における人間の最高の徳にまで高められた。

勇とは、勇ましいことであり、さらには強いこと、猛々しいという意味もある。戦いの現場で勇ましい人間を想像させる言葉であり、果敢な決断を下せる強さをも意味するだろう。

厳とは、おごそかということであり、他方、厳しいという意味もある。おごそかという意味なら、将は威光のある存在でなければならないということになるし、厳しいという意味なら、将は軍律などに厳しくなければならない、ということになる。その両方の意味がおそらく込められている。

この五つの人間的特徴が備わってはじめて、「よき将」となると孫子はいう。しかし、この一文があるだけで、孫子はくわしい説明はしない。

なぜこの五つなのか。そして、なぜこの順序なのか。

戦場での戦闘行動だけを考えると、勇と厳が五つのリストに入るのには納得がいきやすい。また、人格的魅力と兵士の信頼が軍を統率する将にとっては重要であることを考えれば、信や仁がリストに入ることも納得できる。

しかし、なぜ勇や厳よりも、信や仁がより高位の順序なのか。いや、それ以前に、なぜ智が第一順位なのか。

智を将の最重要の要件として孫子があげているのは、「戦さとは論理である」と孫子が考えていたからだ、と私は思う。前章第三節で「算多きは勝ち、……」という言葉の解説をした際に、孫子が戦さにおける論理の重要性を強調していることを述べた。

そして、論理は智によって支えられている。智のない人に、自分の論理を構築することはできない。戦場で、将はある意味で孤独である。最後は自分で決断しなければならない。その決断を支えるものは、最終的には自分で納得できる論理であり、その奥にある自分の智である。

信や仁が、勇や厳よりも高位の要件となっているのには、二つの理由がありそうだ。一つは、現場の兵士に尊敬され、「あの人にならついていこう」と思えるためには、信や仁の方が勇や厳よりも大切だ、という理由。もう一つは、君の補佐役としての将あるいは将のチームということを考えたとき、そのいわば「トップマネジメントチーム」が機能するためには、将各人に信や仁が備わっていることが重要だ、という理由。

まず、現場の兵士が将についていく理由から考えよう。なぜ、信や仁が勇や厳よりも重要か。

この点について、マキアヴェリの『君主論』第一七章に面白い議論がある。章のタイトルがストレートで、「冷酷さと憐れみ。恐れられるのと愛されるのと、さてどちらがよいか」（マキアヴェリ、池田廉訳『新訳　君主論』中公文庫）。

マキアヴェリの結論は、「君主は、たとえ愛されなくてもいいが、人から恨みを受けることがなく、しかも恐れられる存在でなければならない」である。孫子の言葉にいいかえれば、信や仁という人から敬愛される徳目よりも、勇や厳という恐れられる特性の方が、君主にとっては重要、というのである。

孫子の考え方は、それとは逆だと解すべきであろう。おそらく、孫子ならこう反論する。「恐れられれば、当面は人は従う。しかし、長期にわたって国家の安寧を考えると、信や仁をより重視する方が、兵士や民が納得してついてきてくれるであろう」

つまり、人間が他人のリーダーシップに長期にわたってついていこうと思えるのは、マキアヴェリ風に表現すれば、愛によるのであって、恐れによるのではない。経営の世界でもまったく同じだと私にも思える。

ただし、孫子はたんに博愛主義がよいといっているわけではないだろう。勇や厳が五つの要件に入っているのは、「恐れられる」こともまた重要だと考えている証拠である。

しかし、仁と厳が一人の将の中に両立するのか、という疑問が生まれうる。たしかに、それはむつかしいだろう。それでも、部下という他人を統御する立場の将としては、思いやりと厳しさが同居していなければならない。人間は、完全に性悪でもないだろうが、単純に性善でもないからである。だから、厳なくしての仁だけでは、じつは将としては機能しない可能性が高い。

その上で、仁の方が上位であることもまた認識すべきなのである。私は、マキアヴェリよりも孫子に軍配を上げたい。

信と仁が勇と厳よりも高位の要件になっている第二の理由に移ろう。

孫子は将の重要性を、さまざまな形で述べている。その一つが、謀攻篇（第三）の後半にある。

「将は国の輔《ほ》なり。輔　周なれば則ち国必ず強く、輔　隙《げき》あれば則ち国必ず弱し」

（謀攻篇〈第三〉［金谷］50頁）

この言葉の後に、第一章の最後の節ですでに説明した、「君の軍に患うる所以の者には三あり」という君への警告の言葉がある。

輔とは、車輪の添え木のことで、車輪を強化するために置かれるもので、転じて広い意味で「補佐」という意味になるという。つまり、将とは国あるいは君の補佐役、助けとして重要だ、と孫子はいうのである。

そして、「周」とはぴったりしてゆるみがないことで、その逆が隙がある状態である。「輔　周なれば」とは、君と将の関係にゆるみがない、ということであり、さらには将同士の関係の緊密なことをも想像させる。そうした現場の指揮官が揃っている国は強く、そうでない国は「必ず弱し」とまで孫子はいう。

こうしたトップチームの中での緊密さや相互の信頼関係が重要であることを考える

と、信や仁が勇や厳よりも高位の条件になっていることが、納得できるだろう。将に必要なのは戦闘での能力であることはたしかなのだが、それ以前にまず人格的な器量が重要で、それがあればトップマネジメントがチームで機能しやすくなるのである。

経営でも同じである。現場の指揮官と経営者との関係が良好であること、現場の指揮官同士の関係も緊密であること、ともに組織全体の力が十分に発揮されるために必要不可欠なことである。

そのために、経営者も現場責任者も、信や仁の要件を備えていなければならない。勇や厳だけのリーダーが多い組織は、組織としてまとまりにくく、また現場も不幸である。

二　百戦百勝は善の善なる者に非ざるなり
――戦わずして勝つ

「百戦百勝は善の善なる者に非《あら》ざるなり。戦わずして人の兵を屈するは、善の善なる者なり」

「百戦百勝、非善之善者也、不戰而屈人之兵、善之善者也」　謀攻篇（第三）［金谷］44頁

前節では、よき将の五つの「人間的特徴」について、孫子の言葉を紹介した。では、どんな戦い方をする将が最善の将であると、孫子は考えていたのだろうか。

戦わずして勝つ、それが最善の勝ち方、と孫子はいう。謀攻篇（第三）の冒頭の節にある有名な言葉が、ここに引いた言葉である。

それは、将の戦い方という風に読み替えられる。つまり、「将のあるべき姿」についての「戦い方」という観点からの孫子の一つの答えは、「すべての戦さに勝とうとする将は、最善ではない」ということになる。読者にはやや意外に思えるかも知れない。

なぜ百戦百勝が最善ではないか、といえば、戦さをすれば勝った方にも負けた方にも、双方に被害が出るからである。その被害が、戦勝国といえども国、そして民を疲弊させる。その疲弊を避けて、かつ勝つ、つまり戦わずして勝つのが、最善だというのである。

たとえば第一章第一節で、第二次世界大戦時のチャーチルを、兵が国の大事であることを知るリーダーの例としてあげたが、イギリスはたしかにドイツとの戦いに勝ったとはいえ、その勝利のために注ぎ込んだ国力は莫大で、しかも勝利の後にもその国力が戻ってくるわけではなかった。第二次世界大戦の後、イギリスの衰退とアメリカ中心の世界の体制の確立が明確になっていくのである。勝利の代償はあまりに大きかった。

そのせいかどうか、チャーチルは第二次世界大戦終結のわずか一ヵ月前、ドイツがすでに降伏した後のイギリスの総選挙で敗れ、有権者に首相の座から追われた。政権は保守党から労働党へと移ったのである。

もっとも、チャーチルの名誉のために補足しておけば、彼はその後首相に返り咲いたし、そもそもドイツとの戦いはチャーチルが望んだものではなく、チャーチルの前のネヴィル・チェンバレン首相の対独政策のまずさのためにヒットラーに仕掛けられたものだった。チャーチルは、対独戦がすでに始まり、イギリスがヒットラーに屈服しかかっていたそのときに、国民の輿望《よぼう》を担って首相になったのであった。

その劣勢をはねかえしてイギリスを勝利に導いたという意味では、チャーチルは最善の「危機のリーダー」であったろう。

企業の現場の将、つまり事業責任者は、チャーチルとは違い、つねに競争という名の戦さの機会に直面している。一回こっきりの存亡を懸けた争いは、めったにおきない。しかも、現場の勝ち負けはつねに上層部からも監視されている。だから、つい、現場はつねに戦いたくなる。つねに勝ちを目指したくなる。そういう現場の将にとって、あるべき姿は百戦して百勝することではない、戦わずして勝つことを目指すことである、という指摘の意義は大きい。

企業の現場で「戦わずして勝つ」とは、直接に衝突せず、相手を土俵に上げないようにする、土俵から下りさせる工夫をする、自分なりのニッチを求める、というような戦略をとることである。それは、企業の競争戦略として最上の戦略である。

もちろん、そうしたくても競争相手がそうはさせてくれないことの方が圧倒的に多いであろう。しかしそれでも、戦わずして勝つことを目指すことは、意義が大きい。軍事の戦さの場合と同じように、戦わずして勝つのが企業の競争戦略の極意であるのは、直接争う競争のマイナスのインパクトが自分にも競争相手にも大きいからである。

孫子がこの節で私が引いている言葉の前、つまり謀攻篇の最初に書いたのは、こんなことであった。

「凡そ用兵の法は、国を全うするを上《じょう》と為《な》し、国を破るはこれに次ぐ。軍を全うするを上と為し、軍を破るはこれに次ぐ」

国も軍も、相手を破る（つまり戦って負かす）のは次善の策で、最上の策は国も軍も全うする、つまり相手も自分も傷つけないことだ、というのである。

こうした孫子の発言の伏線は、じつは謀攻篇の直前の篇である作戦篇（第二）の冒頭の段落に置かれた次の言葉にある。

「尽《ことごと》く用兵の害を知らざる者は、則ち尽く用兵の利をも知ること能《あた》わざるなり」（作戦篇〈第二〉［金谷］36頁）

つまり、戦争の害を十分知り尽くしていない者には、戦争の利も十分知り尽くすことはできない、と孫子はいうのである。

これを企業の現場の指揮官たちに当てはめれば、競争の害を知り尽くしてこそ、競争の利も知ることができる、ということになる。つまり、将のあるべき姿としては、戦さの、競争の害を知り尽くすこと、ということになるだろう。

もちろん、単純に競争を避けようとして、カルテルを結んだり、独占禁止法違反をしたりするのは、許されることではない。しかし、相手の戦意を失わせるほどの実力を蓄える、相手となんらかの協力関係を模索する、さらには究極の手としては相手を合併して敵でなくしてしまうなど、とれる手段はかなりある。

しかし、戦わずして人を屈させるには、将にはそれなりの要件が必要とされる。前節の五つの要件でいえば、智が要り、信が必要で、仁もまた重要であろう。

智は、相手のことも考えた上での大きな戦略を構想するために必要である。信は、競争相手やその従業員の信頼を得て協力関係を作るために必要となる。あるいは、戦わずして人を屈させるだけの組織を作るためには、部下たちから大きな信用を獲得する必要があるだろう。

仁は、屈した人たちへの思いやりとして、戦わずして勝つためにとくに必要となる。屈した人たちは、いわば被占領者である。彼らへの仁がなければ、彼らが納得して屈することはないであろう。すぐに反発が始まり、屈している状態は長続きしない。

ふたたびチャーチルの例に戻れば、彼の書いた『第二次世界大戦』という大著の最後の部分には、敗戦国ドイツの国民への「仁」の気持ちが色濃く出ている。もちろんチャーチルは、ヒットラーやヒットラーの将軍たちには厳しい目を向けている。しかし、彼らによって戦場に駆り出され、国土を爆撃や砲撃によって破壊されてしまったドイツ国民に対しては、温かいまなざしを注いでいるのである。

こう考えてみると、前節で解説した「将の五要件」の中で、勇と厳が最後の二つとなっているという順序に、さらに納得がいく。勇と厳だけでは、戦わずして人を屈させることはできない。つい戦ってしまうだろうし、仮に一時は相手が屈しても、それが長続きせずに、また戦いの状態に戻ってしまうであろう。

つまり、智と信と仁を備え、そして戦さというものの実態（とくにその害）をよく知る将が、じつに大切なのである。それが、将のあるべき姿である。

だからこそ孫子は、作戦篇の最後に、次の名文句を置いているのであろう。

「兵を知るの将は、生民の司命、国家安危の主なり」（作戦篇〈第二〉［金谷］42頁）

司命とは、命を司るとも読めるし、司命星という人の寿命と運命を司る神（それが星として司命星と呼ばれる）とも読める。つまり、戦争の実態をよく知る将は、国民の生死の運命を握っている、というのである。だからこそ、国家の安危を決する存在なのである。

企業の現場でも、まったく同じである。現場の指揮官は、働く人々の運命を左右する存在で、企業の安危を決する存在なのである。

そんな現場の指揮官は、いたずらに現場を疲弊させてはならない。むやみに競争して、仮に一時は勝てたとしても、それは得策ではない。百戦百勝は、決して最善の指揮官の姿ではないのである。

三　三軍の衆を聚《あつ》め険に投ずるは、此れ将軍の事なり――大胆かつ細心に、跳べ

「三軍の衆を聚《あつ》めてこれを険に投ずるは、此れ将軍の事なり。九地の変、屈伸の利、人情の理は、察せざるべからざるなり」

「聚三軍之衆、投之於險、此謂將軍之事也。九地之變、屈伸之利、人情之理、不可不察」　九地篇（第十一）〔金谷〕154頁

先に私は、戦わずして人を屈させる将の姿を解説したが、もちろん孫子は単純な平和主義者あるいは戦争回避論者ではない。戦さの害も利も知った上で、百戦百勝は最善ではない、といっているだけである。

しかし、いざ戦う段になったときは、兵をあえて危険な状況に投入することが必要

なこともある、それが将軍の仕事だ、とも孫子はいっている。それが、ここに引いた九地篇（第十一）にある言葉である。

険とは、危険な状況のことである。その状況に全軍を投入するだけの覚悟があるか、と孫子は問うている。しかし、たんに危険を冒すだけではダメで、この言葉にすぐ続いて、九地の変、屈伸の利、人情の理を考えて、勝算のある戦略を作るべし、とも孫子はいっている。

九地とは、さまざまな状況の土地、という意味である。孫子は九つの種類の土地の状況を九地篇で解説しているが、その変を考えよとは、経営の世界の言葉に置き換えれば、環境条件の多様なあり方をきちんと考えて、自分が置かれた環境に適合した戦略を考えよ、ということになる。

屈伸の利とは、兵を退いたり進ませたり、さまざまに展開することのメリットということで、経営の言葉に置き換えれば、自社の資源の展開の仕方を考え抜け、ということをいっているのである。

人情の理とは、戦いの現場で実際に戦闘をする兵たちの、心の理《ことわり》ということである。戦場の物理的力学（九地の変と屈伸の利）とともにつねに兵士の心理を考える、孫子らしい必須考慮要件である。

険に三軍を投じた戦略の古典的な例が、滅びゆく秦帝国の後継を争って劉邦と項羽が戦っていた頃の古代中国にある。韓信という武将が趙軍を相手にとった、背水の陣である。

河を背にして陣取るのは、後退すれば水に追い落とされることになり、きわめて危険な状況である。その陣をあえて韓信はとった。つまり、孫子のいうように、「三軍の衆を聚め険に投じた」のである。おそらく韓信は、『孫子』を読んでいたのではないか。

しかも韓信は、背水という九地の変を利用し、その上に屈伸の利も人情の理も考えた戦略を用意していた。

まず韓信軍の兵士は、もはや後退はできないことを知り、必死になって戦わざるを得なくなった。ここに一つの人情の理が考慮されていた。また相手方の将兵は、このとき、「背水の陣」という拙劣な戦法をとるような韓信軍は兵法を知らない、となめてかかった。だから、心理的についゆるんだ。ゆるんで、かさにかかって自軍の城から総出で攻めかけた。ここでは、「ゆるむ」という人情の理がもう一つ考慮されている。

必死の韓信軍を敵は攻めあぐね、ついに自軍の城に引き返そうとした。しかし、総出で攻めに出たために、城の防備に残した人数は少なかった。それを、韓信の別動隊がすでに攻めていた。ここでは、自軍の屈伸の利を韓信は考え抜いている。だから、城はやすやすと韓信軍のものとなった。

その結果、敵軍は河を背に攻めてくる韓信軍本隊と城を奪った韓信軍別動隊によって、挟み撃ちになってしまった。当然、敵兵は恐怖し、全軍総崩れとなった。韓信の屈伸の利を考えた戦略が、敵兵の人情を潰走の心理へと導いたのである。

こうして韓信の例に見事に出ているように、戦うとなれば、あえて危険な状況に兵を投入するだけの覚悟を固めると同時に、その危険な状況でもなお勝算のもてる戦略を作る。それが、将のあるべき姿だ、と孫子はいいたいのであろう。

「三軍を険に投ずる」という表現を読んだとき、私はすぐに、経営の世界でのオーバーエクステンション戦略のことを考えた。オーバーエクステンションとは、私の造語で、多くの企業が成長の踊り場でとっている「大きな背伸び」あるいは大きなジャンプの戦略のことである。そのときの自分の能力を部分的にオーバーするようなことをあえて狙う、その意味では競争上不利なことも生まれる、危険の大きい戦略のことである。

それだけの大きな背伸びをするならば相応の覚悟を決める。そして、その背伸びを逆手に利用して、現場には危機感をもたらし、さらには背伸びの結果としての苦しい戦いの経験が自分を成長させるような戦略を用意する。それが経営者のあるべき姿だ、と孫子の言葉を読み解くことができるだろう。

危険を冒す覚悟だけなら、神経が太ければできるだろう。しかし、孫子のこの言葉でもっとも重要なのは、九地の変、屈伸の利、人情の理を考えるべし、といっている部分である。その戦略思考が将の要件なのである。その思考にはもちろん、「智」が要る。「勇」だけではダメなのである。智・信・仁・勇・厳、という将の条件の最上位に智を置いている孫子らしい。

三軍を険に投じた経営戦略のもっとも劇的な成功例の一つが、戦後日本の高度成長の先駆けとなったとよくいわれる、川崎製鉄（現ＪＦＥスチール）の千葉製鉄所建設の大投資であろう。

一九五〇年に川崎造船所（現川崎重工業）から分離独立したとき、川鉄は高炉（溶鉱炉）をもたない（つまり銑鉄生産のできない）中堅鋼板メーカーにすぎなかった。川崎造船所の製鋼部門の長から川鉄の初代社長となった西山彌太郎は、独立後すぐの一九五一年に、千葉に一〇〇万坪の大型一貫製鉄所を造る計画に乗り出した。終戦からわずか六年後である。

しかし、設備投資金額は当時の川鉄の資本金の三〇倍にも相当する、一六三億円。しかも、川鉄は高炉の建設も操業も経験したことがなかった。その会社が、当時の日本全体の鉄鋼需要の一割を超える規模の銑鉄鋼板一貫生産を始めようというのである。

まさに、オーバーエクステンションの極みであった。業界も、金融筋も、否定的見解が渦巻いていた。その中で、西山は川鉄の従業員を「険に投じた」のである。

だが西山は、九地の変も屈伸の利も、そして人情の理も、すべて考えた緻密な戦略を用意していた。

九地の変という意味では、戦後復興のために国内鉄鋼需要が増えることを読み、世界市場への輸出も伸びていくことを予想していた。それに対応するための、競争力ある最新鋭の製鉄所計画であった。

屈伸の利では、資金的には内部留保を大きく確保して借り入れに頼る部分を小さくし、その上で世界銀行からの借款に挑戦。見事、成功した。製鋼技術では西山自身が日本で有数の技術者でもあったし、高炉技術のためには満州の製鉄所から引き揚げてきた優秀な技術者たちが西山の雄大な構想に意気も高く参画した。

人情の理という点では、川鉄内部の人々は工場の従業員に至るまで、現場をつねに歩き回る西山をオヤジと慕い、西山の構想の実現に向けて一丸となった。終戦直後に西山の工場が巨大労働争議に見舞われたとき、責任者としてとった毅然とした態度と人情味あふれる後姿に多くの従業員が心服していたのである。そしてもちろん、千葉の大投資自体が背水の陣としての心理的効果をもっていた。

千葉製鉄所は、結果として大成功であった。その成功は、鉄鋼業のみならず日本の重化学工業全体の高度成長のきっかけとなった。たとえば、日本の鉄鋼メーカーが一斉に大型製鉄所建設へと舵を切るのは、川鉄に遅れること四、五年の後、川鉄の成功を見てからであった。

企業成長の正念場では、しばしば「大胆かつ細心に」三軍を険に投ずることが必要となる。戦後の日本には、それにあえて挑戦する経営者が多く出た。西山とは違って徒手空拳からの創業であったが、本田宗一郎もその一人であったろう。彼らは『孫子』を読んでいなかったかも知れない。しかし、修羅場の真理は、古今東西、本質が似ているようだ。

四　君命に受けざる所あり——志ある抗命のすすめ

「君命に受けざる所あり」

「君命有所不受」　九変篇（第八）〔金谷〕103頁

ある意味ですさまじい言葉である。君の命令を受けてはならない時と場合がある、という。君命を無視し、君命とは違う行動をとらざるを得ないことがあるのを、将は覚悟せよ。それが、ときとして、将のあるべき姿だ、と孫子はいうのである。

もちろん、君命を受けずとは、二つの意味がありうる。一つは、命令を仰がず、という意味。あえて中央にお伺いを立てずに、自分の判断で行動を決めるということである。もう一つはもっとすさまじく、君命があったとしてもそれに従わない、受けつけない、という意味。第二の意味が、孫子の真意であろうと思う。

この言葉は、臨機応変に常法とは違う処置をすべき九つの場合について孫子が語る、九変篇（第八）に出てくる。たとえば、高地に陣取る敵に対しては、仮に自分たちが有利でも軽々しく攻めるな、というようなことが述べられている篇である。

その中で孫子は、道路には通ってはいけないものがあり、城にも攻めてはいけないものがある、などと五つの「べからず」を述べているが、その最後（五つ目）に「君命に受けざる所あり」と書いているのである。

「塗《みち》に由《よ》らざる所あり。軍に撃たざる所あり。城に攻めざる所あり。地に争わざる所あり。君命に受けざる所あり」

君命の直前の四つの「べからず」は、戦さの状況の変を書いたものである。そして、その臨機応変の対応の締めとして、こんな状況では君命に従わないことがあってもいい、とまとめているのである。臨機応変の抗命のすすめ、とでもいおうか。

「それでは組織の指揮命令系統が乱れる。抗命はご法度だ」などと、定型的なことを孫子はいわない。現場の状況は九変するのだから、現場を任された将が、現場の詳しい実情を知らない君や司令部からの命令を無視することがあってしかるべき、むしろそうすべき、というのである。権限委譲ということの重さを深く考える人の、現場の実情が刻々と変わるその変化の大きさを深く認識する人の言葉である。

よほど現場の将の判断の重さを孫子は深く認識していたらしく、地形篇（第十）でも、こういう。

「戦道勝たずんば、主は必ず戦えと曰うとも戦うなくして可なり」（地形篇〈第十〉

［金谷］136頁）

君命として戦えといわれても、自分の状況判断ではとても勝てないということであれば、戦わなくてもよい、というのである。

将には、それだけ現場の責任がある。兵士の命と民の安寧を預かる責任がある。その責任の大きさに鑑みれば、将は臨機応変の処置で君命に反することを辞さないくらいの気概をもて、と孫子はいいたいのであろう。

そんな立派な将が、現代の日本にもいた。

すでに鬼籍に入られたので過去形で書かざるを得ないが、東日本大震災発生時の福島第一原子力発電所所長だった吉田昌郎《まさお》氏である。

二〇一一年三月一二日、福島原発の現場が格納容器爆発を防ごうと、海水注入をはじめとして必死の努力を闇の中でしていたとき、総理官邸が原子炉の再臨界の恐れありと介入を始め、東京電力本店を通じて海水注入を中断するようにいってきた。「君命」は海水注入の中断だった。

しかし、現場の責任者としての吉田の判断は、当然、続行だった。続行しても、原子炉の格納容器は爆発するかも知れない。しかし注水を中断すれば、爆発の確率は飛躍的に高まる。それでも東電本店が「官邸の了解を得ていない」と注水中断をテレビ会議で迫ると、吉田は小さな声で、テレビに入らないように周囲の人間にこういったという。「これから、注水を中断します、と君たちへの命令という形で大きな声でいう。しかし、注水は続けろ」

完全に、君命無視の抗命である。それどころか、東電本店にはウソの報告をしたことになる。しかし、このときの彼の「抗命」のおかげで、福島原発事故は最悪の事態を免れた可能性がかなりある、とその後あちこちでいわれている。長期にわたる彼の極限状況でのリーダーシップに感動して、日本を救った恩人だという人も多いだろう。

吉田の「君命に反する」行動を「正しい」と多くの人が考えるのは、情報と動機の両面で、本社ではなく彼の判断を尊重すべきだ、と多くの人が思うからであろう。情報という面では、現場の吉田たちすら、暗闇の中で原子炉にも近づけなかったが、しかし本社よりは圧倒的に情報をもっていた。

動機という点では、現場の判断はしばしば現場の狭い視野で、しかも現場の利益を最優先して行われがちだ、という批判もないではない。しかし、この事故の際の吉田たち現場は、自らの死をも明確に意識し、その上で日本のために何をせねばならないかを考えていた。自分たちの狭い利害を考えていたのではなく、死ぬ覚悟で事故の悲劇的拡大を防ぐことだけを考えていた。

つまり、吉田の場合、情報の豊かさと動機の公正さが、ともにあった。じつはそれが、「君命を受けざる将」をたんに独走好きの将と区別する基本的要件である。その情報の豊かさと公正さを担保として、抗命という異常事態が許されるのである。

それにしても、現場が受けられないような君命を出してしまう例は、福島原発事故に限らず、あちこちの組織で見られそうだ。

結局は、前章の最後で紹介した孫子の言葉のように、「君が軍を患うる」ことは案外多いのである。孫子はそうした君のありうべき欠陥を考えた上で、「君命に受けざる所あり」と断言している。将についての孫子のこの言葉は、君が軍を患うることについての孫子の警告と、対をなしているのである。

しかしそれでも、抗命とは組織の中では異常事態である。その気概をあえてもつべし、と将のあるべき姿を提示するのはいいが、「君命を受けない将」に対する、君や本社中央の評価はどうなるだろうか。

おそらく、それほどはかばかしくないものになることが多いだろう。たしかに、その将は客観的に見れば正しいことをやっている。しかし、君命に反した行為をしているという部分だけを取り上げて、「組織秩序を乱す」と非難されがちなのは、古来どの国でも、どんな組織でもありそうなことである。

だからこそ、気概をもって君命を受けない将、それで自分の評価が落ちることに頓着しない将を、孫子は「国の宝」とまでいう。地形篇（第十）の中に、将についてのこんな言葉がある。

「進んで名を求めず、退いて罪を避けず、唯《た》だ人を是れ保ちて而して利の主に合うは、国の宝なり」（地形篇〈第十〉［金谷］136頁）

功名を求めないで進むべきときに進み、罪に問われることを恐れないで退却するべきときには退却する。ただ民を大切にし、主（君）の利にも合うことを考えるような将は、国の宝だ、というのである。

この言葉を情報と動機という視点から読み替えれば、国の宝というべき将は、進むべきか退くべきかの情報をもっており、また功名や罪という自分の利害ではなく、人（民）と主のことを考えている。つまり、情報の豊かさと動機の公正さが、ともに備わった将なのである。まさに、吉田昌郎氏がそうだった。彼は、国の宝だった。

『孫子』は、古今東西、広く長く読まれてきた。そして、このくだりを読んで、古来、幾多の武将が涙したことだろう。おそらく、その涙の多くは、「自分の君主は孫子のようには思ってくれない」という口惜し涙だったろう。

五　将に五危あり——視野狭窄《きょうさく》が危険を招く

「将に五危あり。必死は殺され、必生は虜《とりこ》とすべく、忿速は侮られ、廉潔は辱しめられ、愛民は煩さる」

「將有五危、必死可殺也、必生可虜也、忿速可侮也、廉潔可辱也、愛民可煩也」　九変篇（第八）［金谷］109頁

前章「経営の本質」の最後の節で私は、君のすべきでないことについての孫子の言葉を選んだ。「将のあるべき姿」を考えてきたこの章でも、最後は「将の間違い」（つまりすべきでないこと）についての孫子の言葉を考えよう。

ここに引いた孫子の言葉は、九変篇（第八）という「常法とは違う臨機応変の対応」について語る篇の最後に置かれている。将には五つの危険があり、それゆえに臨

機応変の対応ができなくなってしまうことがある、という警告を孫子は篇の最後で語っている、と考えればいいだろう。現場で懸命に戦い、混乱の中で心を悩まし、兵や民の心情に直に接している、そんな将ならではの、「五危」である。

案外分かりにくい言葉なのだが、さすがに曹操がつけた注（『魏武帝註孫子』）を読むと、なるほどと思える。以下の私の解説は、基本的に曹操の解釈に沿ったものである。

五危の第一は、必死になること。必死になると、思慮の浅い勇ばかりとなり、かえって敵の術中にはまる。それで、敵に将自身が殺されてしまう羽目になる。先の見通しがないのに、追いつめられての「乾坤一擲の大投資」などをしてしまう事業部長が、企業にもいそうである。

漢文の方を見ていただくと、必死可殺也、とあるが、可殺の主語は敵で、敵はわが将を殺すことができる、という意味である。以下の四つの危についても、可の主語はすべて敵だと解釈すればよい。

五危の第二は、必生である。生きようと思い定めることである。作戦の目的をそのように設定すると、消極的になってしまい、進撃のチャンスが戦場で生まれても、つい見送ってしまったりする。結果として、将は生き残りはするが、捕虜になってしまう、と孫子はいう。経営の現場では、追いつめられて生き残ることだけが目的になり、結果としては競争相手の思う壺の消極的行動をとってしまい、意図せざる協力者になる事業部長をイメージすればいいだろう。

第三の危である忿速は、分かりやすい。忿速とは短気、怒りっぽい、という意味で、そんな性格だと、自分が侮られていると思うとカッとなって思慮に欠ける反応をしてしまう。つまり、忿速を敵につけ込まれる危険が第三の危である。企業の中にもこんな失敗をしそうな事業責任者は、案外多そうだ。

五危の第四と第五は、考えさせられる。廉潔とは、人格として欲薄く、清廉であること。愛民とは、兵士や民を愛する心が豊かであることである。ともに、将として望ましいと誰でも思いそうな性格である。それが、将の危になる、と孫子はいう。

廉潔の場合は、辱めることができる、という。つまりは、あえてその将を辱めるような作戦をとったり、その種の風評を流したりすると、それに廉潔な将は耐えられず、自分の自尊心を傷つけられたように感じて、敵の術中にはまる。たとえば、戦場におびき出されることになる。経営の現場では、コンプライアンス重視を誇りとする事業部長が法令違反を指摘されると、過剰な反応をする例、などがそれであろうか。

愛民の場合は、兵士を救いたい気持ちが強いために、どこかを攻撃されるとすぐにその防御に急いで回ったりする。そうして敵がこの将を「煩わす」作戦をとると、将はムダな行動をさまざまとらされて、結果として自軍が疲弊するだけとなる。

企業でいえば、従業員を大切にしようとして雇用の現状維持を重視するために、小出しの改革ばかりを次々と続けて、結果として抜本改革が遅れて疲弊する事業部、などが思い当たる。結果としては愛民にならない点も、兵事と同じである。

五危のうち、作戦目的についての危が、最初の二つである必死と必生、性格についての危が、後半の三つである忿速、廉潔、愛民である。

つまり、危の源泉は違うのだが、敵に危のポイントを読まれ、それにつけ込まれることが危になる理由になっている点は、五危のすべてで同じである。敵が危のポイントにつけ込んだ行動をとり、それに将が反応してしまうために用兵の間違いが生まれることになる。それを孫子は、「用兵の災い」といい、だから軍が覆るような大事が起きる、という。

それゆえ、現場ではただ必死になるな、生きようとして消極的になるな、短気と廉潔は相手の挑発に乗せられやすい、愛民もただ自分が消耗するだけになりかねない、と孫子は警告するのである。

この孫子の警告は、二つの点で将のあるべき姿について考えさせられる。

一つは、五危のすべてが、結局は将が視野狭窄になってしまうために適切な行動をとれなくなるという例になっていることである。第二に、忿速を除いてすべて、将としては望ましいあり方とも思えることが、危の源泉になってしまっているという皮肉である。

五危のすべてで、将の用兵が間違うのは、戦場や兵士の全体の状況を把握した上で最適な行動を決めていないからである。必死になって、大きな展望を描けない。自分が生きようともがくあまりに、戦場の他の局面が見えない。短気になって、その怒りの源になったことだけに反応する。辱められると、周りが見えなくなる。愛民の気持ちが、局所の場面だけを考えさせてしまう。それらを、敵に読まれ、つけ込まれるのである。

つまり、すべて、視野狭窄のなせる業《わざ》である。視野狭窄になるからこそ、相手につけ込まれるポイントが視野の外に出てしまって、見えなくなるのである。とすると、現場の指揮官を視野狭窄に導いてしまう危険因子は他にないかを考えたくなる。たとえば、欲の深い人は、その欲に目がくらんで視野狭窄になりそうである。

しかし、欲深の危険を考えると、孫子が廉潔でも視野狭窄になりやすいといっていることの深さが見えてくる。欲深の危険は、そこを敵につけ込まれようとつけ込まれまいと、危険因子である。忿速も同様である。それが望ましくない姿だと、誰しも思える。だが、忿速を除く四つの視野狭窄の原因は、「将の望ましい姿」とも思えそうなことであるところが、悩ましい。

たとえば、必死も、必生も、たんにそれだけならすぐにまずいと思えることではなく、むしろ「必死だから相手に勝てる」などと勝利の要因にあげうるようなことである。あるいは、廉潔も愛民も、将の人格として望ましいと思われることである。しかし、そうした「いいと思われること」のすぐ横に、視野狭窄の危険が潜んでいる、と孫子はいっているのだろう。

人間の長所のすぐ横に落とし穴が広がっている、あるいは短所が存在する、というのは、将に限らず、多くの事象で観察されることである。長所だと思うから、それを伸ばそうとする。それはそれでいいのだが、その行動の副作用に気がつかないのが人間の常なのである。

いいと思うことだけに、そればかりに集中しても、それが悪いことだとは思えない。だから、じつは自然に視野狭窄となってしまう。たしかに、もともと悪いと思えることなら、将になるほどの人はそれを重んじることをしないだろう。しかし、いいことだと思えるからそれを大切にする。

だが、そこから視野狭窄まではほんの一歩だ、というのが孫子の人間観察なのである。厳しいが、しかし深い観察、というべきであろう。

第三章

兵の情

一　兵は勝つことを貴び、久しきことを貴ばず

――現場の心を挫かない

「兵は勝つことを貴ぶ。久しきを貴ばず」
「兵の情は速を主とす」

「兵貴勝、不貴久」　作戦篇（第二）〔金谷〕42頁
「兵之情主速」　九地篇（第十一）〔金谷〕147頁

第一章では経営と経営者という観点から孫子の言葉を読み、第二章では現場の指揮官である将のあり方について、孫子の言葉を考えてきた。この章では、現場の人々、つまり戦さを実際に行う兵士たちの心理（兵の情）についての孫子の言葉を考えてみよう。

ここに引いた二つの孫子の言葉は、前者は作戦篇（第二）の最後に登場し、後者は本のかなり後ろにある九地篇（第十一）の中に、ひょっとすると錯簡で紛れ込んだかと思える箇所に、やや唐突に出てくる。私としては、二つの言葉は同じことをいっていると思うので、二つ同時に兵士の心理を議論するこの第三章の冒頭に取り上げたい。

兵という言葉が、戦さそのもの、兵士、国防など多様な意味で『孫子』の中で使われていることは、第一章の冒頭で述べたが、まさにここに引いた言葉の「兵」は、戦さとも、兵士とも解釈できるようだ。

前者の作戦篇の言葉（「兵は勝つことを貴ぶ」）については、多くの解説書が兵という言葉を「戦さ」という意味に解釈している。私はむしろ、他の部分との兼ね合いを考えると、戦さと兵士と、ダブルの意味で解釈した方がいいように思う。後者の九地篇の言葉（「速を主とす」）については、わざわざ「兵の情」という言葉になっているので、兵とは兵士だと理解すればいいだろう。兵の情とは兵士の心理のことである（もっとも、兵の情を戦争の実情と解釈する本もあるが）。

まず後者から。

戦場での兵士の心理はスピードを最優先する、と孫子はいっている。戦さはなるべく早く終わってほしい、という心理である。この言葉に続いて孫子は、敵の隙をついて素早く攻めるべし、ともいっている。

なぜ、「速を主」とすべきか。

一つには、まさに兵士の心理で、長い戦さでは兵士の心が挫けてしまうからである。挫ける理由は、ただたんに苦しいことが長続きするといやになる、というだけではなかろう。時間の経過とともに、兵士の心に疑いが生まれやすくなることもありそうだ。いつまでも終わらないこの戦さで、自分たちの作戦は正しいのか、自分たちの将はきちんと戦況を把握しているのか、という疑いである。疑いが人々の心をむしばむと、心は挫ける。

もう一つ、速さが必要となる理由は、兵站《へいたん》にある。戦さが長引けば長引くほど、食料も武器も大量に必要となる。それが十分に補給できない危険も大きくなる。その危険を考えれば、そもそも戦さは短い方がいいし、長引くと当然不安に思う兵士たちが出てくる。そうなれば、戦さの恐怖そのものではなく兵站への心配から、兵士の心が折れてしまうのである。

孫子のものの見方が「戦場の物理的力学」と「兵士の心理学」の両にらみという特徴をもっていることは、たびたび強調してきた。その両方の視点から見て、戦さは速いことを主とすべきなのである。

だから、ここに引いた二つの言葉のうち前者で、兵は「久しきを貴ばず」と孫子はいっているのである。このように、後者の言葉と前者の言葉は、つながっている。

しかし、兵は勝つことを貴ぶ、とはどういう意味か。

兵を「戦さ」と読むか「兵士」と読むかにかかわらず、勝つことを望むのは当たり前に聞こえる。じつは、孫子の本当の含意は、「拙速でもいいから、小さくてもいいから、とにかく勝つことを貴ぶ」という意味なのだ、と私は考える。つまり、とにかくスピード第一で、小さな勝ちでもいいから勝つべき、といっているのである。

実際、「兵は勝つことを貴ぶ」という言葉の少し前、作戦篇（第二）の冒頭の節で孫子はこういう。

「兵は拙速なるを聞くも、未だ巧久なるを睹《み》ざるなり」（作戦篇〈第二〉〔金谷〕36頁）

戦さを拙速に行って成功する例は聞いたことがあるが、「上手に長い戦さをした」というような例を見たことがない、というのである。さらに、勝つのに時間がかかるのがよくないのは、それが軍を疲れさせ鋭気を挫くからだ、とも同じくだりでいっている。

つまり、長い戦さがよくないのはまさに、戦場の物理的力学として軍が疲れる（兵站も含め）からであり、また兵士の心理学として心が折れるからだ、というのである。

拙速すら戦さの現場では望ましい、という孫子の言葉は、日本でもたびたび古くから引用されてきたようだ。たとえば八世紀に桓武天皇が蝦夷討伐軍がなかなか成果をあげないのに業を煮やして、「兵は拙速を貴ぶ」と檄を飛ばした、という話がある。

『孫子』には「拙速を貴ぶ」という言葉そのものはないが、拙速なるを聞く、勝ちを貴ぶ、という二つの言葉を合わせれば、「拙速を貴ぶ」という表現が生まれるのも不思議ではない。私もこの本を書くまで、孫子が「拙速を貴ぶ」という表現を使っていると思っていた。

「小さくてもいいからとにかく早く勝ちを経験すること」、それが苦労している現場にとっては大切だ、という発言は、現代日本の企業再生のプロフェッショナルからも私は聞いたことがある。畏友・三枝匡《ただし》さんの言葉である。彼は私との対談本の中で、企業改革の最中に生まれてくる現場の疲労感について、こういっている。

「改革のストーリーがいろいろな理由でうまく作動しないとか、ネガティブなマインドがもたげてくることによって、改革や新戦略の実行が頓挫するリスクが増えてくる。さっきの交点を越えて、なんとか向こう岸に渡り切れば、やっぱり苦労した甲斐があったということになってまたみんなの元気が出てくるのですが、その手前のところに『死の谷』が横たわっているわけです。

そういう疲労感や猜疑心を和らげるために必要なことは、アーリーサクセスとかアーリーウィンと言われることです。小さなことでもいいから、みんなが『自分たちの努力の成果が出始めた』『自分たちの戦略は正しいんだ』『このリーダーについていけばいいんだ』という安心感を持てるような成果を、みんなに一定の間隔で見せて行くことが大切です」（三枝匡・伊丹敬之『「日本の経営」を創る』日本経済新聞出版）

まさに、アーリーウィン（early win）の win の部分が孫子のいう「兵は勝つことを貴ぶ」にあたり、early の部分が「兵の情は速を主とす」に該当する。そして、三枝さんが心配しているのも、現場の人たちの疲労感や猜疑心という「兵の心理」なのである。

じつは、「失われた二〇年」とすら揶揄される一九九〇年代から二〇一〇年代にかけての長い間、日本企業の多くが勝ちを経験することなく、心が萎え、エネルギー水準が落ちてしまったのではないか、と思われる。その負け戦さの連続が、三枝さんのいうように、「疲労感」と「猜疑心」をもたらし、死の谷に多くの人を落としてしまった。その心理的低迷が、さらに経済の回復をむつかしくしてしまった。

兵は勝つことを貴び、久しきを貴ばず。失われた二〇年を経験した日本企業とその経営者こそ、噛みしめるべき言葉であろう。そして、とにかく動いて、小さな成功でもいいから現場の人々に経験してもらうべきである。そう、孫子の声として聞こえてくるようである。

じつは、この言葉の「兵」の意味を、『孫子』の多くの解釈本が「戦さ」を意味すると解説しているのに、あえて私が「兵士」とも読みたい、ダブルの解釈が可能だと考えたい、と思うのは、こうした日本企業の現状へのいらだちが心の底にあるからかも知れない。

二　兵の情は、已むを得ざれば則ち闘う
――追い込まれてはじめて出るエネルギー

「兵の情は、囲まるれば則ち禦《ふせ》ぎ、已《や》むを得ざれば則ち闘い、過ぐれば則ち従う」

「兵之情、圍則禦、不得已則闘、過則従」九地篇（第十一）〔金谷〕157頁

兵士の心理としては、包囲されれば自らを守るべく敵を撃退しようとし、やむを得ない状況になると懸命に戦おうとする。それが、この言葉の意味である。

もちろん、含意は、「包囲されなければ敵を撃退しようとはなかなか思わない」「やむを得なくなるまでは、必死には戦わない」という兵士の「腰が引けがちな」心理を語っている言葉であろう。

兵たちは戦場で自らの生き死にを懸けるのである。腰が引けるのがふつうの人間であろう。それをよく分かった上で、将軍は戦略を立てなければならない、兵を導かなければならない、と孫子はいいたいのである。

孫子は、こうした兵の心理を深く考える人であった。ここに引いた言葉と同じような意味の言葉が、『孫子』のあちこちに出てくるが、とくに九地篇（第十一）は、その主たる内容が兵の心理を語ったものといってもいいほどである。

たとえば、この言葉の少し前に、次のような言葉がある。

「兵士は甚だしく陥れば則ち懼《おそ》れず、往く所なければ則ち固く」

危険な状況になると恐れをもたなくなる、逃げる所がなければ固く守る、というのである。さらに次の節で、孫子はこういう。

「善く兵を用うる者、手を攜《たずさ》うるが若《ごと》くにして一なるは、人をして已むを得ざらしむるなり」

兵を善く用いることのできる将は、兵たちが手をつないで一人の人間であるかのように使える人であり、そのように兵がまとまるのは彼らをそうせざるを得なくするからだ、というのである。

孫子の基本的なメッセージは、兵が自ら「やむを得ない」と思うような「状況」を作ることが将の大事な仕事、ということであろう。

そうした「状況」としては、一つに環境があり、もう一つには意識があるだろう。もちろん、環境が意識を左右することも多いだろうが、ただ環境が厳しいだけで意識がそこまでいかない場合には、懸命に戦うことはないかも知れない。

第二章第三節で説明した韓信の背水の陣は、「やむを得ざる状況」を将が作った例である。水を背にして戦うという環境に置かれた兵たちは、逃げ道がなくなり、懸命に戦わざるを得ないという意識を自然にもったのである。

最近の日本のビジネスの例でいうと、JAL（日本航空）の再建が、「やむを得ざる状況」が人々を企業再生へと立ち上がらせた例であろう。

JALの場合、どのようにして「やむを得ざる状況」になっていったのか。一つには、衆人環視の下での倒産という環境があった。法的に倒産してしまって、誰の目にも厳しい環境であることが明らかになった。もう一つは、再建のために政府に請われて無給を条件に会長職を引き受けた稲盛和夫氏による意識改革である。やむを得ざる環境状況とやむを得ないと思う意識、その二つが揃ったのだと思われる。

その二つが揃えばいい、ということが私のいいたいことではない。強調したいのは、企業の再建や事業の再生・改革の場合、環境状況がどんどん詰まりになるだけでは不十分で、意識こそが大切、ということである。どん詰まりの環境に落ちても、意識が変わらないまま、さらにずるずると沈んでいく企業もあるのである。

しかし、再生できる企業では、幹部も現場も意識が変わる。意識が「やむを得ざる」と変わっていく。JALの場合、八〇歳を超えた稲盛氏が、たびたび現場に足を運び、ときには厳しく現場の甘さを指摘する。何回もこんこんと説く。細かく現場の管理会計システムを整備して、現場の不備が見える化される。幹部たちも現場の人々も、「やむを得ない」と思うのではないか。

その意識改革のために稲盛氏が持ち込んだのが、京セラで磨きをかけていた「アメーバ経営」という管理会計の手法であった。細かく現場の貢献と成果を計測し、現場に考えさせる手法だが、それを稲盛氏は、現場の人々が「やむを得ざる状況」と感じるまで徹底した。

「見える化」や管理会計の工夫は、この例のように各人の意識に届くところまで徹底し、厳しい組織風土を作り出すところまでするのであれば、意味が大きいだろう。しかし、生半可な「見える化」は逆に「見せる化」になってしまい、現場が白けるだけであることも深く心に留めておくべきである。本社が「見える化」に懸命になると、現場は「見せる化」に走る。それが多くの企業の常であろう。

やむを得ざる状況だ、と感じる人は、自軍の兵士だけではないことにも孫子の目は行き届いている。敵兵の心理を考えると、彼らが「やむを得ない」と感じるような状況を作ってしまうと、敵が懸命に戦い始めてしまうことが予測できる。それでは、仮に勝てたとしても自分たちの損害が大きくなる。

そこで孫子は、こういう。九地篇の三つ前の九変篇（第八）の一節である。

「囲師には必ず闕《か》き、窮寇には迫ること勿《な》かれ」（九変篇〈第八〉［金谷］102頁）

囲師とは、包囲網を張る軍のことである。闕きとは、欠いた部分という意味である。つまり、包囲網にはあえて欠いた部分を作り、敵の逃げ道を空けておくことを意味する。相手を殲滅するよりも、相手が徹底抗戦せずに逃げた方が得だと思わせた方が、自軍の損害は少ない。

窮寇とは、窮した状態の敵のことである。それをさらに追いつめてはならない、と孫子はいう。彼らを追いつめると、必死になって反撃すること請け合いだからである。

いずれも、敵に「必死に戦わざるを得ない」と思わせないようにする戦法である。兵の心理を、自軍も敵も、ともに深く考えることを孫子は説いているのである。

この戦法のビジネスでの例を考えていた私は、「ひょっとすると」とサムスン電子のDRAM追い落とし作戦のことが思い当たり、一瞬寒気が走った。

韓国のサムスンが半導体事業への参入を決断したのは一九八〇年代半ば。日本の半導体企業が、とくにDRAMというメモリーの世界で、圧倒的な競争力をもっていた時代である。その日本企業を相手に、サムスンは挑戦することを決断した。それは、「三軍を険に投じる」戦略であった。

しかし、サムスンは危険を冒す覚悟があっただけでなく、巧妙な戦略も用意していた。日本企業が最先端技術ばかりを追いかけて古い世代のメモリーからすぐに撤退するクセがあること、しかしそうした枯れた技術のメモリーへの世界的需要は十分に大きいことを見抜いて、そこに進出の橋頭堡を築いたのである。

そしていったん参入に成功すると、サムスンは積極的な設備投資を不況時でも続けるという戦略をとった。それは、バブルの崩壊で日本企業の財務体力が落ちて、投資余力も小さくなっていた時期だった。そしてメモリー市場が一気に悪化したときに、サムスンの圧倒的な投資攻勢の前に日本企業は落城し、不思議なほどほとんど一斉に、DRAM分野から逃げ出した。つまり追い落とされたのである。

彼らが向かった先は、システムLSIであった。メモリーだけでなくマイクロプロセッサーなども一枚のチップの上に置いて、一つのシステムとして機能させるこのL

ＳＩは、当時は有望な分野といわれていた。そこへ日本企業は殺到し（東芝だけがフラッシュメモリーで踏みとどまった）、一方、サムスンはこの分野に注力しなかった。あたかも、意図的に日本企業の逃げ道を作っておいたようにも見える。まさに、「囲師には必ず闕き」を実践したようだ。

韓国は日本よりも中国との付き合いが長く、かつ深い。孫子に触れてきた年数もはるかに長いであろう。孫子の戦略でサムスンの戦略を読み解くと、いろいろと見えてくることがあるかも知れない。

三　卒を視ること愛子の如し、故にこれと倶に死すべし
――クールヘッド、ウォームハート

「卒を視ること愛子の如し、故にこれと倶《とも》に死すべし」
「視卒如愛子、故可與之倶死」　地形篇（第十）〔金谷〕137頁

将が兵（卒）を視る視線が、兵の心を奮い立たせる。愛する子供のように兵に接すれば、兵はともに死んでも構わないと思ってくれる。それが、この文章の意味である。

前節で私は、兵をやむを得ざる状況に追い込むことを強調する孫子を紹介したが、

孫子は単純な圧力型の兵法家だったわけではない。兵の感情をプラスの方向へと奮い立たせることの重要性も明確に語っているのである。兵の情を、そして将と兵の心の通いあいを、戦場でも大切に思う。そんな孫子の人間味が出ているのが、この言葉である。

孫子より少し時代が下がるが、やはり戦国時代の魏の将軍・呉起に、孫子のこの言葉を彷彿とさせる話がある。

呉起は寝食を兵と同じようにし、戦場で負傷した兵の傷口に自分の口を当て膿を吸い出したことすらあった。まさに、愛子の如く接したのである。兵は当然のこと、感激した。しかし、それを聞いたその兵の母親が泣き崩れた。「呉将軍にそこまでしてもらって、なぜあなたは泣くのか」と母に問うた人に、母はこう答えたという。

「あの子の父親も呉将軍に傷を吸われて、感激し、あの方のためなら死んでもいいと懸命に戦った。そして、死んだ。あの子もこれで死ぬことになると思うと、それが悲しい」

有名な話である。孫子の言葉のような行動と視線を心がけた将軍は、古代中国でも案外多かったようだ。兵の情を大切にし、愛する子供を視るような視線を投げかけることができるのは、将たる要件の一つなのである。

しかし、孫子は単純に「心の通いあい万歳」とはならない。そこが孫子らしい奥行きである。それは、この言葉の前後に書かれた言葉を見ればよく分かる。それを考えてみよう。

二つの奥行きがありそうだ。その一つは、将が兵を視る視線にも、情の深さという点で区別があることを、孫子は意識しているらしいことである。右に引いた文章の直前の一文は、こうなっている。

「卒を視ること嬰児《えいじ》の如し、故にこれと深谿《しんけい》に赴くべし」

赤子のようにいたわって兵を視てやると、深い谷にまで一緒に下りていってくれる、というのである。これもまた、兵が将の視線によって奮い立つ場面をいっているわけだが、私には愛子と嬰児という視線のありようの違いが、兵の行動の違いに書き分けられていることが面白かった。

愛子の如く視れば死をもともにするが、嬰児の如く視るのであれば深い谷へともに下りる、と孫子は書き分けている。「谷に下りるにとどまる」とは書いていないが、しかしおそらく、意図的な書き分けであろうと私は思う。兵の側からすれば、やはり愛子と嬰児では違いがあることを将の視線から感じ分ける可能性がある。それほど将の視線に対する兵の感覚は敏感だ、と思った方がいい。

孫子のもう一つの奥行きは、ここに引いた文章のすぐ後で、兵の情に訴える温かい視線をもつ将は兵を驕らせる危険性があることをすぐに警告していることである。しかも、兵の驕りにつながる条件として書いていることが、将たるものの本質を読む者に考えさせる。

孫子は、「倶に死すべし」とある文章のすぐ次に、こう続ける。

「厚くして使うこと能わず、愛して令すること能わず、乱れて治むること能わざれば、譬《たと》えば驕子の若く、用うべからざるなり」

つまり、兵を厚遇するだけできちんと使えず、愛するだけで命令もできず、乱れていても治めることができないならば、兵は驕ってわがままな行動をする子供のようになってしまい、戦場では使えない。

愛子を視る視線が、「ともに死すとも可」と兵に思わせることもあるが、しかし驕子のようにしてしまうこともある、というのである。では、その違いはどこから生まれるのか。

厚遇され、可愛がられているのに、それで驕りわがままになるのは、たしかに兵の側にも問題があることはあるだろう。しかし、ともに死すとも可と思う兵、深い谷間に下りていってもいいと思う兵も、同じ兵なのである。驕るか死ぬ気でがんばるかの違いを生んでいるのは、じつは将の側の「使」「令」「治」の能力の有無であり、そうした能力をきちんと発揮する凛とした態度である。そのように、このくだりのつながりを解釈すべきだろう。

「使」も「令」も「治」もできないような将では、兵はいうことを聞かないのである。いくら厚遇され、愛されても、兵は将の背中を見抜いている。どうせ大した指揮もできないと、「使えず、命令できず」という将の姿から判断している。だから、そんな将は戦場では機能しないのである。

「使」「令」「治」は、現場の指揮能力のことで、しばしば兵に過酷な役割を与え、あえて死地に赴くことすら命令するような、クールさが必要とされる能力である。その指揮能力への信頼があってこそ、兵ははじめてがんばれる。しかし、ただ「がんばる」だけでなく、「ともに死すとも可」というほどにがんばれるようになるには、さらにプラスアルファが必要で、それは愛子を視るような温かい視線があってこそである。

いいかえれば、クールな指揮能力をもち、凛とした態度で決戦の場に臨める将でも、「ともに死すとも可」とまで兵が感じるようになるのに必要な最後の一押しが情の深い温かい視線なのである。

時代も国も分野もまるで違うが、イギリスの有名な経済学者アルフレッド・マーシャルに、孫子と同じような趣旨の言葉がある。"Cool head, but Warm heart."である。

一八八五年、ケンブリッジ大学の経済学教授に就任した際の講演でマーシャルは、「ケンブリッジ大学から社会の苦難を救えるような経済学者を世に送り出すことが私の願い」と述べ、そんな経済学者の要件として、冷静な頭脳をもち、しかし温かい心をもたねばならない、といったのである。but でつながっているところが面白い。Cool head の持ち主はしばしば Cool heart にもなりがちだ、とマーシャルは考えたのであろう。

戦場でも同じである。指揮能力や作戦構想能力に優れている将でも、温かい視線を兵に向けられない将の下では、兵の働き方がいまひとつ不十分になる。クールな能力が基礎だが、最後の決め手は情の深い視線、というのが孫子の真意であろう。

多少表現を変えれば、孫子もマーシャルも、必要条件としてのクールな能力、十分条件としての温かい心（そしてそれが発する愛子の視線）、といいたいのだろう。

しかし、われわれの周りには、能力を欠きながらも情については厚いマネジャーも多そうだ。つまり、hot head and warm heart というわけである。それは兵や部下に媚びているようでもあり、困り者ではあるが、経済学者のみならずマネジャーには hot head and cool heart というとんでもない組み合わせの人もいるそうだから、それよりはましかも知れない。

最後に、つまらぬことではあるが、この節で引いている孫子の深い一連の文章は、「地形篇」という地形の利を有効に使う戦略を語っているはずの篇の最後の方に、唐突に登場する。おそらく錯簡であろうといわれている。しかし、この一連の孫子の言葉の意味の深さを考えると、錯簡にせよとにかく『孫子』の本文に残ったことに、われわれは感謝しなければならない。

四　文をもって令し、武をもって斉《ととの》うる

――まず太陽を、しかし北風も

「これを令するに文を以てし、これを斉《ととの》うるに武を以てする、是れを必取《ひっしゅ》と謂う」

「令之以文、齊之以武、是謂必取」　行軍篇（第九）［金谷］126頁

兵に命令するには文（徳）をもってし、兵の行動を統制のとれたものにするには武（罰）をもってする。そうすれば、敵は必ず取れる、つまり勝てる。これがこの言葉の意味である。

前節までは、兵の情として、個々の兵の情を考える将のあり方についての孫子の言葉を考えてきたが、この節では兵と将が同じ方向を目指し、かつ兵たちが集団として

機能するための兵の情の基本についての孫子の言葉を考えよう。

ここに引いた言葉をさらに意訳すれば、兵は恩徳（文）で心を合わせ、刑罰（武）で統制すると、集団としてうまく機能する、ということになろう。

兵は文にも武にも、つまり恩徳にも刑罰にも反応する。それが兵の情だということである。文と武がともに大切なのは、企業の組織についても十分当てはまる議論だろう。そして、両方が大切と指摘した上で、さらに順序の大切さをきちんと考えるのが孫子らしい。文で令することがまず大切で、その後で武によって斉うることを考えよ、というのである。

つまり逆であってはまずい、ということでもある。それは、「令すること」すなわち心を合わせることが、「斉うること」つまり統制のとれた行動を目指すための基礎になる、ということを意味している。そこまで指摘するのが、孫子の深さである。

文と武の、令と斉の、「順序の大切さ」を感じさせる卓抜な表現が、ここに引いた言葉の前にある。

「卒未だ親附せざるに而もこれを罰すれば、則ち服せず。服せざれば則ち用い難きなり」

兵が親附するとは、親しみなつく、と考えていいだろう。つまり、心情的に合している、ということである。そうなってもいないのに刑罰で厳しく取り締まるようなことをすると、兵は心服しない。そういう兵は戦場ではきちんと用い難い、と孫子はいう。

しかし、戦場ではないが、業績の上がらない組織の立て直しにあたる経営者などは、「タガを締め直す」とばかりに、厳しさをまず前面に押し出す人も多そうだ。文よりも武を先に、というわけである。それではだめだ、と孫子ならいうであろう。

この孫子の教えに反する行動を、孫子の注釈本を自ら書いた魏の武帝（曹操）が、戦場でうっかりとっていた、という。名将ですらときに順序を間違える、というこのエピソードは、宮城谷昌光《みやぎたにまさみつ》さんの書いた『三国志』（文春文庫）第三巻に載っている。史実なのか、宮城谷さんの創作なのかは、少し調べただけでは私には分からなかったが、次のような話である。

後漢王朝の乱れを正すべく諸国の将軍たちが最初に大同団結して兵を挙げたとき、若い曹操もまだ弱小の立場ながら義兵を募って参加した。そして、陣中でかなりの官兵をさらに預けられた。その大同団結の地に、後に曹操の盟友として大活躍する鮑信という将も来ていた。鮑信は、各将の営所を廻っているときに、曹操の陣が森然として鋭気を放っているのに気がついた。名将の陣だと思った鮑信は、まだ会ったこともなかった曹操に面会を求めた。

ただ鮑信は、曹操の陣が「粛然としてはいるが、陰である」とも感じ、曹操にこういったという。

「陰である陣は、敗れにくいが、勝ちにくい。戦場では無為無効の陣になりかねない。すなわち曹君は、集まったばかりの兵に厳しすぎる軍紀をおしつけているからではないか、と愚考したのです」（宮城谷昌光『三国志　第三巻』文春文庫）

それを聞いた曹操はただちにこの節で引いている孫子の言葉を思い出し、自分が「兵書読みの兵法知らず」になるところだった、と次のような反省の弁をいったという。

「わたしは孫子の兵法を百回も読んでいるのに、官兵と義兵の違いが分かっていなかった」

つまり、そもそも曹操が参加した際に連れてきた兵は義兵で、すでに曹操に親附している兵だが、陣中で預けられた官兵はまだ親附していない。その官兵たちに「武」でもって厳しく対応したので、曹操の陣は粛然とはしているが陰である、と鮑信に見破られたのである。いきなりこんなことを見抜き、かつ直言する鮑信も大したもの、そしてただちに反省できる曹操も大したもの、二人はすぐに肝胆相照らした、というエピソードである。

なぜ、文をもって令することが武で斉うることよりも先でなければならないか。その背後の兵の情を、この曹操のエピソードは教えている。それは、人が利で動くか、義で動くか、という問題である。

義とは、共感であろう。将の人間性に、あるいは将の目指す目標に共感して、だから服するのである。そうした共感を呼び起こすのが、文である。人間の仁あるいは徳、といった人間性である。その共感を基礎としてもっていれば、兵は、人々は、生き生きと動く。だから、陰にはならない。

しかし、武で斉うるということは、刑罰という利で人を統制しようとすることである。それでもたしかに兵は動くであろう。しかし、その動きは、自発性が小さく、生き生きとはしない。粛然とは動くが、鈍くなる。それが、陰である。

つまりは、利で動く部分よりも義あるいは共感で動く部分の方が強いのがふつうの兵の情、と孫子は考えている。だからこそ、たとえば前節で紹介したように、将の「愛子を視る視線」に兵が大きく反応するのである。

この文と武の「優先順位」の話は、イソップ童話の北風と太陽の話を思い出させる。結局、孫子もイソップもともに、北風よりも太陽の方が人を動かすための優先順位として高い、という結論になる。洋の東西を問わず、時代を超えて、兵の情、人々の心理は同じなのである。

しかし、孫子の奥行きの深いところは、「太陽ばかりで北風がないと、もっとも手に負えない」というところまで考えていることである。

先に引いた「服せざれば則ち用い難きなり」のすぐ次に、孫子はこういう。

「卒已《すで》に親附せるに而も罰行われざれば、則ち用うべからざるなり」

つまり、すでに親しみなついた状態になっている（太陽あり）のに、必要な罰を実行しない（北風なし）場合には、兵は用い難いどころか、用いること不可、というのである。

繰り返すようだが、先の「用い難き」は親附していないのに罰だけを与えるケースであった。一方、ここでは親附してはいるが、罰がないケース。それが、「難」と「不可」に分かれる。二つは大違いで、もちろん、不可の方がはるかに具合が悪い。

それは、親しみなつくと、狎《な》れて甘く見られることにつながりやすく、それでなお罰もないと、兵は思い上がるからであろう。それがもっとも始末が悪い。戦場で動かすことなど不可になる、というのである。それよりはまだ、親しまなくとも厳しくされている兵の方がましだ、ということでもある。

しかし、文と武の組み合わせと順序は微妙な問題である。曹操ですら間違いを犯すほど、微妙といえるかも知れない。

経営の世界の言葉に翻訳すれば、夢やビジョンをまず語れ、人間としての徳性をまず大切にせよ、その後にペナルティや「べからず」を必ず付け加えよ、ということになるだろう。しかし現実には、いきなり「べからず」を語り始める人、まずはペナルティを決める人がいかに多いか。

もっとも、それでも、夢だけで「べからず」がない人よりはましである、と孫子はいっていることになる。それもまた、経営の世界の真実であろう。

五　犯《もち》うるに事を以てして、告ぐるに言を以てすること勿かれ
――百言は一行に如かず

「これを犯《もち》うるに事を以てして、告ぐるに言を以てすること勿かれ。これを犯うるに利を以てして、告ぐるに害を以てすること勿かれ」

「犯之以事、勿告以言、犯之以利、勿告以害」　九地篇（第十一）〔金谷〕160頁

やや分かりにくい文章だが、金谷治氏の日本語訳によれば、「軍隊を働かせるのは任務を与えるだけにして、その理由を説明してはならず、軍隊を働かせるのは有利なことだけを知らせて、その害になることを告げてはならない」。

つまり、兵には任務を与えるだけで、理由を説明するな。有利なことを告げるだけ

で、害になることを告げるな、ということになる。

孫子らしい、逆説を含んだ含蓄のある言葉で、現場の兵の情の複雑さをえぐっている。

孫子の意図は、現場に考えさせるな、ということではなく、あらぬ疑いを避けよ、ということだろう。それは、戦場での兵の情がマイナス思考になりがちなことを理解した上での、そのマイナス思考が生みがちな疑心暗鬼を避ける、ということである。

作戦の背後の理由を細かく聞かされた兵、作戦がもたらす利と害の全体をもらさず聞かされた兵、彼らは結果として、何を考えることになるか。それを孫子は懸念している。

結果としては、疑心暗鬼ばかりが生まれるのがふつうだ、と孫子は考えているのである。理由を聞かされれば、本当にそうかと疑い、他の理由もありうると思い始める。害を聞かされれば、まだ伝えられていない害がさらにあるのではと考えてしまう。兵がマイナス思考になっていれば、そうなりそうである。そして実際、厳しい戦場で命を賭す兵たちは、マイナス思考になりやすい。それでは、厳しい戦場での最後のふんばりは生まれない。

ここで引いた文章の後で、孫子はこう書く。

「これを死地に陥れて然る後に生く」

理由も害も告げないのは、戦場でときに必要となる、兵たちを死地に連れ出すことのためである。何をすべきかだけを告げられ、それをすればどんないいことが待っているかだけを告げられると、将への信頼があれば兵は死地に赴くことをよしとする、と孫子は考えている。そして、その死地での懸命のがんばりが結局は兵たちが生きることにつながる。だから、疑心暗鬼はかえって兵を殺すことになる、ということにもなる。

しかし経営の世界ではしばしば、「なぜかを説明しなければ、人はついてこない」といわれている。任務を告げるだけでなく、その理由も説明しなければならない、ということである。その経営の常識と逆のことを孫子はいっているように見える。だから、逆説的に聞こえるのである。

しかし、理由を説明しなければならないのは、いわば日常的な状況でのマネジメントだからである。重大な状況、危機的な状況に追い込まれた際には、経営の現場でも詳細な説明などしない方がいいことも多い。たとえば、倒産の危機がこうして迫っているとくわしく説明されたら、逃げ出す従業員、立ちすくむ従業員が出てもおかしくない。そんなときには、言を告げず、害を告げず、というのが正しい対応であろう。

あるいは、理由の説明、背景の事情の説明が複雑にならざるを得なくて、説明しても十分に通じる可能性が少ない場合もある。そんなときには、事をもって人を用いるしかないのである。

事をもってして言を告げず、と孫子がいうときの「事」と「言」という二つの言葉の解釈については、じつは「任務の内容」と「その理由」という金谷の解釈以外にも、いろいろとバリエーションがありそうだ。

たとえば、「事」を具体的なことと解釈し、「言」を抽象的なことと解釈している本もある。指示命令を出す際に、たしかに将あるいは経営者が注意すべきことである。抽象的に指示されても、何をすればいいのか分からないから現場が機敏な行動をとれない、ということはありそうだ。

あるいは、「事」を将の行動そのもの、「言」を口先、と理解することも可能である。口先だけで指示をしても効果はなく、行動で示して人を動かすのが本筋、という理解になるであろう。それももっともな話である。部下たちは、兵たちは、一〇〇の言葉よりも一つの行動に敏感に反応するのである。

こうした多様な解釈はあるものの、「言」があまり効果的でない、それで告げるべきではない、と孫子が考えている基本的理由は、言を疑うという兵の情にある。理由、抽象的、口先、いずれの意味の言も、兵は疑う。そればかりか、言だけではかえって疑心暗鬼になる。

そうした兵の情は、彼らの置かれた立場を考えてみれば、理解できる。戦場で兵たちは、命を懸けて戦うことになる。その状況では、言だけではとても兵たちの信頼を勝ち取ることはできないであろう。

もちろん、戦場で命を懸けているほどには、企業活動の現場はせっぱ詰まっていないかも知れない。だから、言も必要になることが多いのであろう。「なぜかを説明する」ことも重要なのである。しかし、言だけでは企業の現場の人たちがついてきてくれないのは、戦場と同じである。やはり、将たる者、リーダーたる者の「事」（行動、背中）が重要なのである。言はあくまでも事にプラスして意味をもつもの、と考えるべきである。

この節で孫子が語る兵の情は、疑うという心理である。「疑う兵」である。しかし、本章の第三節で孫子は、「愛子の如く視れば」と、将の「視線に反応する兵」について語っていた。そして前節の「まず文をもって令すべし」は、人の仁徳を「信ずる兵」を語っていたに等しい。

疑う兵、視線に反応する兵、信ずる兵、すべて同じ兵の実態である。兵の情は、状況に応じて、いろいろなパターンを見せるのである。だから、その場に応じて、適切に兵の情を汲み取ることが大切なのであろう。

そうした「状況に応じた兵の情の汲み取り」を、首尾一貫していない、と考えてしまうのは、単純すぎるだろう。兵を信じるのだったら信じるだけでいいはずだ、などと考えているのであれば、それはじつは、多様に動く兵の情を考えてやろうとしない人である。
ただ、疑う兵、視線に反応する兵、信ずる兵、そのすべてに対して意味をもつのは、将たる者の背中、あるいは行動そのものであることは、強調されていい。この節で引いた孫子の言葉も、結局は「事」あるいは行動の本質的重要性を語っているのである。
JFEホールディングス前社長の數士《すど》文夫さんが、事の重要性、行動の重要性をずばり表現したすてきな言葉がある。

「百考は一行に如かず」

數士さんは、「百聞は一見に如かず」、というよく使われることわざを出発点に、「しかし見るだけではダメで、人間は考えなければ」と思い、「百見は一考に如かず」という言葉に思い至った。しかし、経営者としては考えているだけではダメで、あるいはいくら考えを部下に説明してもダメで、やはり行動することだ、考えたことを実行することだ、とさらに思いを深めた。そこで出てきたのが、百考は一行に如かず、という言葉なのである。

數土さんはこうした一連の言葉で、一人の人間あるいは経営者として、聞く、見る、考える、行動する、と深まっていく段階を語っているのだが、同じ言葉を私は、部下の情、兵の情という視点からも考えたい。

「一行をもって兵に告げる」ことは、一〇〇の考や言を与えるよりも兵の情に訴えるのである。だから、次のようにいえそうだ。

「百言は一行に如かず」

それが、この節で引いている孫子の言葉の本質であろう。

第四章

戦略の真髄

一　戦いは、正を以て合い、奇を以て勝つ

――まず正攻法、そこに奇手を組み合わせる

「凡そ戦いは、正を以て合い、奇を以て勝つ」

「凡戰者、以正合、以奇勝」　勢篇（第五）［金谷］65頁

いよいよ、孫子の戦略論である。

ここに引いた言葉が、孫子の戦略論の一番のポイントだ、と私は思う。金谷訳によれば、「およそ戦闘というものは、定石《じょうせき》通りの正法で――不敗の地に立って――敵と会戦し、情況の変化に適応した奇法で打ち勝つのである」となる。

つまり、「戦略の基本は正、そこへ奇を加えると勝てる」。正とは、正統的で定石通りの戦略であり、奇とは、意外性をもった戦略である。奇正の組み合わせが重要で、

その組み合わせにはいろいろなバリエーションがあり、それを考え抜くことが肝要である、と孫子はここに引いた言葉に続けて、さまざまな文学的な譬えを出して説いている。

たとえば、色について、孫子はこう書く。

「色は五に過ぎざるも、五色の変は勝《あ》げて観るべからざるなり」

つまり、色の基本は青・黄・赤・白・黒の五つだけだが、その五色の混じり合った変化は無数にあってすべてを観ることはできない、というのである。それと同じように、奇と正の二つの基本形の組み合わせもじつに多様で、その多様さの中からの選択こそが、戦略の選択の肝だ、と孫子はいう。

孫子は、奇正の組み合わせを考えることの重要性を説いているだけではない。奇正の順序が大切だ、とも考えている。まず正の戦略をきちんともち、その路線で動き出して、後に奇を加えるのが勝負の肝、というのである。

なぜ、「まず正」なのか。

二つの理由がありそうだ。第一に、自分の活動基盤を堅牢にするものとして、正が必要である。それがあるから、いろいろな動き（奇）を「その後に」付け加えられる。その基盤を作るのが正の戦略なのである。

第二に、敵の意表をつく奇が効果をもつためには、相手の予想をまず正で誘導する必要がある。その予想を相手がもっているからこそ、はじめて予想の裏をかく奇手が生きてくる。つまり、相手の予想の裏をかくような行動をとるためには、まず相手に「こんな行動をとる可能性が高い」という予想をもたせなければならない。そのために、正が必要なのである。

つまり、自分の側の柔軟な行動への基盤の準備、敵の側の予想の誘導、この二つの意義を正の戦略がもつのである。そして、特定の状況で二つの意義のどちらがより重要であるにせよ、とにかく正なしの奇は意味をもたない。

それは、奇策だけを準備しがちな「えせ戦略思考」への警告である。基本がベースにない応用は、あり得ないのである。

次に、なぜ奇が加わらないと勝てる可能性が低いのか。いいかえれば、なぜ正だけでは勝てないのか。

正が定石通りであるだけに、相手も正でくる可能性は高いし、こちらが正をとることを予想してもいるだろう。だから、双方がっちりと四つに組む、というのが優れた敵あるいは競争相手との合戦あるいは対決の一般的な形になる。そうした正面からの対決から実際に戦闘行為あるいは競争行為をかなりの規模で始めてしまうと、ただ消耗戦になるだけであろう。そこでは勝てる機会は少ないし、また仮に勝ったとしても、消耗しきった自分たちが消耗度で敵よりはまし、という程度の勝ち方にならざるを得ない。

それでは勝っても成果は小さい。だから、奇を加えないと、きちんとした成果のある勝ち方にはならないのである。もちろん、奇を加えれば必ず勝てるという保証はない。しかし、奇が加わらなければ意味のある勝利はない、とはいえる。

企業の戦略の世界でいえば、今や世界的にインターネットの勝者になっているグーグルの戦略が、正に奇を加えたからこそあれだけ大きな勝利があった、という例である。

グーグルにとっての正の戦略は、きわめて高速な検索エンジンを用意したこと、そしてその高速検索を可能にするよう、世界中のウェブをつねに自動サーチしてデータベースを用意したことである。そのデータベースを作るためのソフトと巨大なサーバーシステムを、グーグルは整えた。それで、ユーザーにとってきわめて魅力的な検索エンジンを提供できた。

グーグルは当初、他の検索エンジン提供者と同じように、自分たちの検索エンジンを利用するユーザーから料金を取っていた。しかし、業績は伸び悩んだ。そこでグーグルは、エンジン使用は無料、という戦略に変え、収入は検索結果を表示する画面に企業が出す広告から得るようにした。いずれも、当時は珍しかった「奇」の戦略である。

もともとグーグルの「正」は、きわめて優れた検索エンジンの用意であった。それが無料で使えるという「奇」が加わると、あっという間に巨大な数のユーザーを獲得した。だから、その巨大な数のユーザーの検索結果にめがけての広告収入も、大きな規模になっていった。正に奇を加えたからこその勝利であった。

この例でもまさに、正こそが戦略の基本、というのがよく分かる。検索がスピーディにできるからこそ、ユーザーベースを獲得できる。さらに、そのユーザーベースはある意味でユーザーが勝手に作っていってくれるのだが、その規模拡大があればこそ、そこからさまざまなデータ蓄積が可能になり、それがグーグルの広告ビジネスのさらなる基盤になる。まさに、正があるからこそ、奇が生きる。

グーグルは、こうした正と奇の組み合わせで勝利すると、その勝利でできた基本戦略の全体を次なる戦略展開での「新しい正」として、さらに「新しい奇」を加える。スマートフォン用のOSとしてアンドロイドを開発し、それを無料で携帯電話メーカーに開放する、という奇手を加えたのである。こうしてモバイル広告の世界で、新しい正と奇の組み合わせが成功していく。

一つの正に一つの奇が組み合わさって成功すると、その成功が次の段階の正の基盤となり、さらに別な奇が加わってさらなる勝利をもたらす。つまり、最初の奇が終わると、その奇正のミックス全体が次の正となり、そこから新しい正と奇のダイナミクスが始まる。それはまさに、孫子が想定した通りの戦略展開のパターンである。

孫子は、ここに引いた言葉と同じ節で、こういっているのである。

「奇正の還《めぐ》りて相い生ずることは、環《かん》の端《はし》なきが如し。孰《たれ》か能《よ》くこれを窮めんや」

それは、奇中に正あり、正中に奇あり、正から奇が生まれ、奇から正が生まれるという循環過程である。丸い輪には端がない、どこが端とも指定することはできない、という比喩で、正と奇のダイナミクスを孫子は表現しているのである。そして、そのダイナミクスのパターンは無数にあり、誰も窮めることができない。

あたかも老子を思わせるような、自然の転生の如き戦略の展開パターンを孫子は考えている。とくにここに引いた言葉が置かれている勢篇（第五）は、そうした老子的発想が色濃く表れている。だからこそ、五色の変だけでなく、五声の変、五味の変など、人と自然が織りなす世界でわれわれが観察できるさまざまな「基本形からのバリエーションの多さ」の例を、孫子はわざわざ文学的に語っているのであろう。

そして、おそらく孫子は、

「どんな奇を付け加えるべきか、そのバリエーションはつきない」

「同じ奇は二度も三度も通用しない」

「奇正の組み合わせは、ダイナミックに考えよ」

「一つの奇の勝利が終わったら、次の正と奇を考えるときである」

と、いいたいのであろう。

企業の戦略の分野でも、きわめて重要な、戦略の基本といっていい言葉である。

二　勝兵は先ず勝ちて而る後に戦いを求む

――事前の仕込みこそが、勝利の秘訣

「勝兵は先ず勝ちて而る後に戦いを求め、
敗兵は先ず戦いて而る後に勝ちを求む」

「勝兵先勝而後求戦、敗兵先戰而後求勝」　形篇（第四）［金谷］57頁

妙な言葉といえば、妙な言葉である。

直訳すれば、勝つ軍は、まず（開戦前に）勝利を得て、それから戦争をする。敗軍はまず戦争を始めてから後で勝利を求める。

勝利をまず得てから戦争をする、という言葉が分かりにくいために、妙な言葉に見えてしまう。しかしその意味は、勝てる態勢や状況をまず作ってから、実際の戦闘を

始めるべし、ということである。敗軍は勝利への態勢作りが不十分なまま戦闘を開始して、その戦いの中で勝機をつかもうとする。だがそのチャンスが訪れることは稀で、結局は敗れてしまう、というのである。

したがって、戦略の本質は、「実際の戦いの前に」勝てる態勢と状況を作っておくこと、そしてそうした事前準備をした上でタイミングを見て実際の戦いを始めること、その二点にあるということになる。

タイミングを見る、とは、敵の動きなどによって勝てる状況になるタイミングを計る、ということである。戦場の情勢は刻々変化する。その変化の中で勝てるタイミングを見計らうのも、「まず勝ちを得る」ための重要なポイントなのである。

言葉を換えれば、事前の仕込みこそが戦略の真髄、ということになる。企業でいえば、技術の蓄積、生産体制の整備、流通チャネルの構築などなど、ビジネスをきちんと行えるだけの体制を整え、製品の魅力を十分に作った上で、狙いをつけたターゲット顧客に向けて攻勢をかける、ということになろう。それでこそ、持続的に競争相手に対して勝てる市場競争戦略になるだろう。

しかし、こう書かれれば、そんなことは当たり前だろう、「事前の仕込み」を十分にしない経営など現実にあり得ない、と思う読者もいるかも知れない。しかし、仕込みが不十分なままで行動を起こしてしまう企業がじつは多いのである。

競争が始まってから、顧客の反応の悪さなどから自分たちの仕込みが不十分であったことをはじめて「発見する」。それで愕然とするが、時すでに遅し。そんな企業も多い。まさに、「先ず戦いて而る後に勝ちを求む」パターンである。

仕込みが不十分になってしまう理由は、おそらく戦場と市場競争で似ている。二つの大きな理由がありそうだ。

第一に、仕込みには時間がかかり、大きな努力と投入資源も必要になるため、ついつい「まあこの程度でいいか」という判断の甘さが生まれやすい。その結果、仕込みは現実には不十分になる。

時間のかかること、投入資源が大きくなることは、誰しも少しでも避けたい。投入資源をけちりたくなる。その上、どこまで仕込めば大丈夫だという明確な基準などない。しかも、技術の蓄積や流通体制の整備などは、どこまで蓄積できたか、どこまで整備できたか、客観的な測定などできない。主観的な総合判断にならざるを得ない。だから、ついつい判断が甘くなる危険が生まれる。希望的観測をしたくなるからである。

第二に、敵が自分たちの想定を超えた戦略をとってきたとき、なんとか反撃しなければならない。しかし、想定を超えているのだから、勝てる準備が整っていないことが多い。それでも、反撃しないよりは少しでも反撃した方がいい、なんらかの反撃をせざるを得ない、と考えてしまう。それで、仕込みが不十分なまま行動に出てしまう。じつは、仕込みが不十分な反撃ならしない方がましなのかも知れないのに、である。

しかし、戦う前に勝つ態勢を作れ、といわれると、「それはそうだが、世の中にはあえて賭けに出る勝負の時もある」という反論が返ってきそうだ。たとえば、織田信長の桶狭間の奇襲作戦は、まさにその例ではないか。

信長は、桶狭間という尾張と三河の国境に近い谷あいに今川義元の大軍が滞留しているところを、少数の兵で急襲して見事に義元を討ち取った。そしてこの勝利が、尾張の一武将にすぎなかった信長を一気に天下統一へと押し上げていく。

しかし信長は、こうした賭けにも見える奇襲戦法をとることは、桶狭間以降はなかった。敵の勢力を上回る大軍を準備して、ひた押しに押して相手をすりつぶすような、勝つ態勢を作っての戦いを、常とした。あるいは、日本で最初に鉄砲を大量に使った戦さとなった長篠の戦いのように、新兵器とそれを生かす新戦法を十分に準備して、勝てる態勢を作った上で戦った。それが、常勝織田軍団の戦さの定石であった。

たしかに、ぎりぎりに追い込まれた状況だった桶狭間だけは、信長は「先ず戦いて」しかる後に勝ちを求めた。しかし、桶狭間の後は、つねに「先ず勝ちて而る後に戦いを求め」たのである。それに桶狭間も、無謀な賭けではなかった。今川軍の動静についてかなりの情報収集をした上で、勝てる唯一のタイミングを見つけたというのが真相のようだ。

つまり、信長は桶狭間ですら、万人の目に明らかなような「勝てる態勢作り」をしていたわけではないが、微妙な人目に付きにくい「勝ちやすい状況」を選んでいた。それもまた、孫子の次のような指摘に適合する行動だと解釈できる。孫子は、ここで引いている言葉の少し前に、こういう。

「勝ちを見ること衆人の知る所に過ぎざるは、善の善なる者に非ざるなり。戦い勝ちて天下善なりと曰うは、善の善なる者に非ざるなり」

つまり、誰の目にも勝ちだと見えるような態勢で勝っても、それは最善の勝ち方ではない、というのである。むしろ、人目を引かない勝ち方、いつの間にか勝ったように外からは見えるような勝ち方こそが最善だという。それは、勝つための態勢作りというのが、じつに細かいこと、微妙なこと、外からは見えにくいこと、の集合体だということである。その微妙な総体に目がいかなければ、善の善なる者にはなれない。

人目を引かない勝ち方、戦う前に勝つような態勢を作っての勝ち方は、いずれも、戦場での華々しい戦闘行動などあまりない勝ち方、ごく当たり前に見える勝ち方になることが多そうだ（桶狭間は、派手な勝ち方だから、この点では例外かも知れない）。

それは言葉を換えれば、「勝ち易き者に対して勝つ」、と外からは見えるような勝ち方が「善の善なる者」ということになるだろう。事実、孫子は、先の言葉の後でこういう。

「古《いにし》えの所謂《いわゆる》善く戦う者は、勝ち易きに勝つ者なり」

勝ち易きに勝つ、というと、大したことはないと思われがちであるが、とんでもない。勝ちやすい状況に自分をもっていくのは、大変なことなのである。しかし、実際の戦さ自体は勝ちやすい戦さをするわけだから、派手なことは起きない。だから、孫子はこう続ける。

「故に善く戦う者の勝つや、智名もなく、勇功もなし」

つまり、派手に将軍の名声が上がることもなく、勇ましい功績が喧伝されることもなく、ただ淡々と勝っていく。それが善の善なる者の戦さなのである。

企業も同じであろう。目立たない戦略で、いかにも勝ち易きに勝つが如く競争に勝っていく。マスコミ受けするわけでもなく、勇ましい美談もない。それが、着実に経営を進めていく企業の戦略の姿だ、と孫子はいうだろう。

派手狙いは、人目は引いても、機能はしにくい。事前の仕込みだけが、勝ちの秘訣である。しかも仕込みでは、外からは見えにくい小さなこと、微妙なことが勝負の鍵を握る。

孫子の見る目は、細かくそして奥行きが深い。

三　兵の形は実を避けて虚を撃つ

——物理と心理の、両方の虚を撃つ

「兵の形は実を避けて虚を撃つ」

「兵之形、避實而撃虚」　虚実篇（第六）〔金谷〕87頁

孫子の戦略の真髄として、この章では第一に「正を以て合い、奇を以て勝つ」という言葉を紹介し、その次に「先ず勝ちて而る後に戦いを求め」という言葉を取り上げた。「先ず勝ちて」というのは、「正」の戦略のもっとも重要な点を指している、といっていいだろう。

しかし、孫子の戦略論のユニークさは、「正」こそもっとも大切といいながらも、勝つための決め手となる「奇」について、さまざまな観点から考察していることであ

る。それらの「奇」の多彩さと深さに、古来多くの武将があるいは膝を打ち、あるいは眼を開かれたりしただろう。

これから三つの節を使い、そうした「奇」のポイントを指摘していると私が考える孫子の言葉を紹介していこう。「虚実」「主導権」「詭道」の三つである。

この節のタイトルとして引いた言葉は、戦略の虚実を考えることの大切さとそのバリエーションの多さを説いている。

兵の形とは、戦略のあり方というほどの意味に考えればいいだろう。そして、「実を避ける」とは、相手が「充実している」ところを避けるということである。その「充実」としてどのような現実的状況を考えるか、孫子の考察は多面的に広がる。たんに軍勢の集中というような物理的充実だけでなく、意図や気の充実も孫子は考えていく。

「虚を撃つ」とは、相手が手薄なところ、意図していないところを攻める、という意味である。「虚」についても、たんに軍勢の薄いところという物理的な虚のみならず、相手の意図の虚、相手の気の虚など、さまざまに孫子の考察は広がっていく。

虚も実も、戦略として考えるべきことは多様にあり、そのバリエーションもじつに多様になる。その思考の広がりと深さが、孫子の魅力である。

ただ、広がりながら、深くなりながらも、その本質の原点は揺るがない。それもまた、孫子の魅力なのである。虚実の場合、戦略の原点は、

「相手が困るような、あるいは驚くような戦略をとる」

ということである。虚を撃たれた相手の困惑や驚きが自分に有利に働くことを狙う、という思考に、虚実の戦略論の肝がある。

虚実のパターンとして、孫子はさまざまな例をあげている。たとえば、軍勢の集中という点で、孫子はこういう。

「攻めて必ず取る者は、其の守らざる所を攻むればなり。守りて必ず固《かた》き者は、其の攻めざる所を守ればなり」（虚実篇〈第六〉［金谷］76頁）

つまり、相手が守っていない虚を撃てば、攻めに成功する。相手が攻めてこない虚を守れば、守りにも成功する。物理的な兵力の集中という実を避ける戦略である。そ

して、こうした戦略を変幻自在にとっていくうちに、相手が困惑してくる。つまり敵は、自分たちのどこが虚でどこが実か、自身にも分からなくなってくるのである。そうすると、

「敵　其の守る所を知らず。（中略）敵　其の攻むる所を知らず」（同77頁）

ということになる。そうして戦略の混乱した敵は、潜在的に力があったとしてもその力を現実には発揮できなくなって、敗れていく。

あるいは、敵の意図の充実と戦力の集中を避けることが望ましいという、こんな言葉もある。

「上兵は謀《ぼう》を伐《う》つ。（中略）其の下は城を攻む」（謀攻篇〈第三〉［金谷］46頁）

城は、相手が防御を懸命に考えて籠っている場所である。そこを攻めるのは下兵、つまり下の下の戦略である。相手のはかりごとに乗ずるのが上策、というのが「上兵は謀を伐つ」という言葉の意味である。

つまり、相手のはかりごとの意図を逆手にとって、意図の虚をつくのが上策となる。相手は自分のはかりごとゆえに自ら墓穴に落ちることになる。それと比べれば、必死の覚悟で敵兵が固まっている城を攻めるのは相手の実を避けない下策、ということになる。

さらには、相手の「気」の実を避け、虚を撃つ、という戦略も孫子は勧めている。

「善く兵を用うる者は、其の鋭気を避けて其の惰帰を撃つ。此れ気を治むる者なり」（軍争篇〈第七〉［金谷］97頁）

気の鋭い兵は避けて、惰気のある兵を撃つ。そうして、「気を治むる」ことがいい戦略の本質だ、という虚実論である。ここでは、孫子は戦場の兵について人間心理学的に考えている。他方、その前の二つの言葉では相手の物理的な虚をつくという、戦場の物理的力学（とその背後の戦略的意図）に着目した虚実論を語っている。人間心理学と物理的力学の両方が出てくるところが、孫子らしい。

ビジネスの世界の例でいえば、世界的な大ヒットとなったアップルのiPhoneは、携帯電話メーカーというアップルにとっての敵と、顧客というアップルにとってもっとも大切な人間集団と、その両方の虚を撃った戦略の大成功例であろう。

iPhone登場当時のスマートフォン市場には、ブラックベリーという電話型デジタル端末がたしかに存在していた。しかし、iPhoneはその操作性、通信速度、デザインの素晴らしさで、完全にブラックベリーのみならず多くの携帯電話メーカーの虚を撃った。だから、対抗商品が出るまでに長い時間がかかったのである。

そして、顧客の虚をも撃った。まさか携帯電話でこんなにインターネットが使いやすくなり、しかもそれを使っている姿がこんなに格好よく見えるとは、顧客自身も思ってもいなかったのである。それだけのソフトを用意する、それだけのデザインを考える、そうした「勝てる態勢」を準備していたのが、アップルの真の「正」の戦略であるが、それはあくまでも背後の話。顧客からすれば、虚を撃たれたのである。

たしかに顧客はアップルの敵ではない。売上をくださる味方である。だから、戦場で敵の虚を撃つのとは違うけれど、その味方の顧客さえも「虚を撃たれた」と表現すべきほどの驚きを感じただろう。その驚きが市場で伝播して、次々にiPhoneユーザーが増えていった。

虚を撃たれたのは、通信会社も同じだっただろう。iPhone は、もはや携帯「電話」ではなかった。携帯電話用に作られた通信網を利用した、新しいインターネット端末であった。その端末がたまたま「もしもし、はいはい」という通話機能をついでにもっていただけであった。

だが、スマートフォンではデータ通信量が膨大になる。したがって、新しい通信インフラの整備に通信会社は大わらわになり、それが追いつかないとしばしば通信障害が発生するようになってしまったのである。

もっとも、iPhone 開発の主役だったスティーブ・ジョブズには、「実を避ける」という意図はなかっただろう。他人がすでにやっていることを繰り返す、というのは彼のDNAにはない。彼は意図して「実を避けた」のではなく、ごく自然に、虚をそもそも狙ってしまうのである。

虚実のパターンをさまざまに考えるのが、戦略を作る人間の仕事である。物理的・経済的力学も、人間心理学も、ともに考えた上での虚実である。そうした虚実の組み合わせという「奇」があってこそ、戦略は成功する。

その虚実のパターンは融通無碍である。水が地形に沿って融通無碍に流れていくように、戦略にも固定した形はなく、敵の状況に合わせて、虚実の戦略も変わっていく。この節のタイトルにした言葉の直前に、孫子はこういう。

「夫れ兵の形は水に象《かたど》る。水の形は高きを避けて下《ひく》きに趨《おもむ》く」

戦略の虚実も同じである。だがその本質は、「敵が驚くような戦略をとる」という揺るがない原点をもっている。

四　人に致して人に致されず

――主導権を握ることが、戦略の鍵

「善く戦う者は、人に致して人に致されず」

「善戰者、致人而不致於人」　虚実篇（第六）［金谷］74頁

人に致して人に致されず、とは、分かりにくい表現だが、致すという言葉を「自分の思うように動かす」と理解すればよい。「人に致す」とは、他人を自分の思うように動かす、誘導する、ということである。だから、「人に致される」とは、他人の思うように自分が動かされてしまうこと、となる。

とはいえ、「思うように人を動かす」といっても、完全に自由自在に他人を動かすことなど、催眠術でもない限り、無理だろう。しかし、相手の思うようにはさせな

い、自分に有利なように戦場での動きを導こうとすることならば、ある程度できるであろう。

それは、戦の場での主導権を握る、ということである。主導権を握るとは、自分が書いたシナリオに沿うように相手の行動を導くことだからである。また、相手のシナリオ通りには動かずに済むようにする、ということでもある。

この節のタイトルにした言葉は、虚実篇（第六）の冒頭の一節に出てくる。いわば、虚実篇全体のトーンセッティングである。それはおそらく、主導権を握ることが虚実の戦略の最重要ポイントだ、と孫子がいいたいからであろう。虚実の展開を考える必要がある最大の理由は、戦場での主導権を握り、その結果として戦さの形勢を自分に有利なようにもっていきたいから、ということである。

ビジネスの世界の戦略でも、競争相手に主導権を握られるのと、こちらが主導権を握るのとでは、結果に大きな違いが出る。

たとえば、自動車産業のエコカー戦略でのトヨタ自動車である。トヨタは一九九七年に初代プリウスを発売して以来、世界的にハイブリッド車市場で先頭を走り続けてきた。二〇一四年現在では、小型のアクアから大型のレクサスLS460Lまで、多数のハイブリッド車をラインナップしている。世界的にも、ドイツのBMWへの技術供与をはじめとして、トヨタ陣営に参加しようとする企業は多い。つまり、電気自動車がまだ十分な存在感を示すまでに至っていない中、トヨタは世界の自動車産業のエコカー戦略で主導権を握り続けてきた。

その戦略に押され、追い込まれていったのが、日産自動車ではないか。日産はハイブリッド車を出してこなかった。そして、エコカー市場に出遅れた日産は、二〇一〇年に電気自動車に賭ける戦略に出た。リーフを日米で発売したのである。トヨタに主導権を握られ、あえてまだ行方の見えていなかった電気自動車に賭けたのであろう。いわば、トヨタに「致されて」追い込まれて、電気自動車発売へと動いたように見える。

開発責任者自身が当時の雑誌のインタビューで、「不安が大きい」と答えた戦略だった。結果は、残念なものだった。発売から二〇一三年までの三年間の累計販売台数は世界で一〇万台にすぎず、当初目標に大きく届いていない。

主導権を握るための戦略とは何か、という観点から『孫子』のさまざまな箇所で述べられていることを概観してみると、およそ二つのパターンを孫子は考えていると思われる。

一つは、チャンスが到来したときに主導権を握れるように、自分の準備を整えておく、という戦略である。第二節で説明した「まず勝てる態勢を作る」という戦略に近い。たとえば孫子は、さまざまな変化への対応を議論している九変篇（第八）で、こういう。

「其の来たらざるを恃《たの》むことなく、吾れの以て待つあることを恃むなり」（九変篇〈第八〉［金谷］108頁）

つまり、敵がやって来ないことをあてにするのではなく、いつ敵が来てもいいような備えを自分がもつことを頼みとするべし、というのである。その備えがあれば、敵が来たときにも主導権を握るような戦術をとれる余裕があるであろう。

主導権を握る戦略の第二は、変幻自在に敵の裏をかき、スピーディかつ徹底して自分の戦術を変化させることで、相手を翻弄し、疲れさせ、そこから相手の虚を多くすることである。そうして生まれる虚をつけば、主導権を握れるし、一気に勝てることもある。

武田信玄が戦場での旗指物に掲げさせた有名な言葉に、「風林火山」という言葉がある。これは、『孫子』の軍争篇（第七）にある言葉の一部から取ったもので、変幻自在に敵の裏をかく戦略の基本を語ったものである。

「其の疾《はや》きことは風の如く、其の徐《しずか》なることは林の如く、侵掠《しんりゃく》することは火の如く、動かざることは山の如く」（軍争篇〈第七〉［金谷］94頁）

動くときには風のようにきわめて迅速に、潜むときには音もない林のように、いざ攻めるときは火のように激しく、動かないときは山のように。それは、動と静の変幻と徹底の重要性を語る言葉である。

軍事の戦略の場合は、戦場の敵が「致す」対象としての「人」となるわけだが、企業の戦略の場合は、人とは二種類ある、と考えるべきだろう。競争相手と、それよりももっと大切な、顧客という人である。競争相手という人に対しての、致して致されず、という戦略のポイントは理解しやすい。競争相手に対して主導権を握ることの大切さである。

では、顧客に対して「致して致されず」とは、どう解釈したらいいだろうか。顧客に対して「致す」とは、顧客に対して主導権を握る、ということである。それは、積極的に顧客に対して働きかけ、発信していって顧客の潜在ニーズに訴えかける、ということになるだろう。

前節で紹介した iPhone の事例は、ジョブズが顧客に対して強い発信を積極的に行い、潜在ニーズを掘り起こした例である。ジョブズ自身は、「顧客は自分が本当は何が欲しいか、創造的な製品を実際に提供されるまで分からない」といっている。だから、ジョブズは市場調査のようなことにはあまり価値を置かず、自らの発信に重きを置いた。

つまり、顧客に対して「致す」企業とは、顧客に対して自分の主張をする企業である。顧客に「致される」企業とは、ご用聞きのように顧客の言いなりになる企業である。孫子の戦略からすれば、自分の主張をして主導権を握ることのできる企業が大きな成功を収める、ということになる。もちろん、その主張が顧客の真のニーズに合致しているという大前提はあるが。

こうして、競争相手に対しては競争の主導権を握り、顧客に対しては大いに主張して顧客を導くような企業が、結局は大きな成功を収める。その両方の意味での「人に致して人に致されず」が、戦略の真髄の一つなのである。

そのいい例が、本田宗一郎である。彼も、ジョブズと同じように、市場調査などで顧客に新製品についてのアンケートをしたりするのをいやがっていた。そして、本田宗一郎が戦後のオートバイ市場での競争に打ち勝ったのは、じつにスピーディな新製品開発の連続ゆえであった。

そのスピードは、ホンダが競争相手の倍以上の数の新製品を世に問う年が何年も続いたほどであった。つねに競争相手の先をいく新製品開発で、主導権を握ったのである。

しかも、顧客への強い主張も続けていた。その一つの頂点が、一九五八年発売のスーパーカブである。「こんな小さなオートバイならみんな欲しがるに違いない」という共同経営者の藤澤武夫のコンセプトを本田宗一郎の技術が見事に形にして、誰もがその性能の高さと低価格に驚いた。発売したその年に九万台を売る大ヒット。当時の日本のオートバイ市場全体の二割近くの巨大な数字である。顧客の潜在ニーズを大規模に掘り起こしたのである。そして、発売後半世紀の二〇〇八年には世界生産累計は六〇〇〇万台を記録し、その後も売れ続けている。

戦略は、主導権を握るものでなければならない。「人に致して人に致されず」という短い言葉の含蓄は、深そうだ。

五　兵とは詭道なり——サプライズこそ戦略

「兵とは詭道なり」

「兵者詭道也」　計篇（第一）〔金谷〕31頁

計篇にある、有名な言葉である。第一章第二節で私があげた「一に道、二に天、三に地、四に将、五に法」という鍵要因を示す言葉が同じ計篇の冒頭部分にあるが、これはその少し後に出てくる。

「詭」という漢字の意味は、白川静博士の『字通』によれば、「いつわる」「あざむく」ということで、「敵を欺き、あるいは敵の意図の裏をかくことこそ、兵のあり方、戦略だ」というのが、この言葉の意味である。

孫子はこれにすぐ続けて、「能なるもこれに不能を示し」「遠くともこれに近きを示し」「卑にしてこれを驕らせ」「其の無備を攻め、其の不意に出ず《い》」など、一三もの詭道の例をあげている。

それぞれ、強くとも敵には弱く見せる、遠方にあっても近くにいるように見せる、低姿勢に出て敵を驕らせる、相手の無防備を攻めたり予想していないところに出たりする、ということで、すべて相手を欺き、相手の裏をかくような行動である。

この章では、「正と奇」「虚と実」「致すと致される」、と孫子の戦略の真髄と私が考えるものをあげてきたが、それらはすべて「詭道」を語っているものとも考えられる。

正の戦略を基本とするが、そこに奇を加えてはじめて勝てる。敵の虚を撃って実を避ける。敵に致されるのではなく、敵の動きを誘導するような戦略をとる。「奇」「虚」「人を致す」、すべて敵の動きを読んだ上で、その裏をかくような、あるいはそれを利用するような戦略の重要性を語った言葉だった。その意味で、「詭道」の例なのである。この章で取り上げた孫子の言葉の中では、第二節の「勝ちて而る後に戦いを求め」という言葉だけが、詭道からはやや遠いといえそうだ。

ただ、「兵とは詭道なり」という言葉は、古来から多くの論議を呼んできたようだ。「人をだます」とも読めることを将の戦略の基本に置くことに対する違和感や警戒感があるからだろう。孫子の戦略は人間の仁義に反する、といった人もいたそうだ。

たしかに、詭道という言葉には「人の道に外れた」感、その危うさがまとわりついている。だが、そんな解釈だけをしない方がいい。孫子がいいたいのは、奇のない戦略、虚のない戦略、致す部分のない戦略は、それらはすべて機能しない、ということである。「戦いは、正を以て合い」と孫子がいうとき、そこには正の戦略が基本という認識が確固としてある。その上での、奇の重要性なのである。

さらに、孫子は計篇（第一）の冒頭で、「一に道」と戦さと政治の基本を説いている。本書でも第一章第二節ですでに取り上げた。その孫子が、あえてその後に、「兵とは詭道なり」と述べるのはなぜだろうか。

基本は「正」であり、「道」であっても、それだけではじつは戦さは勝てない。それとは一見矛盾しかねない「詭」という要素を入れることによって、はじめて「正」や「道」が生きる。孫子がいいたいのは、そういうことではないか。

あるいは、詭道とは、詭という要素を道に加えるべし、と読むべきなのかも知れない。

それは、弁証法的止揚といえなくもないし、小さな悪を大きな善が包む、とも表現できるのかも知れない。戦さはたんなるきれい事だけでは済まない。しかし、清冽な部分が底になければ、長期的にはもたない。孫子はそういいたいのであろう。

『孫子』は一三篇からなっているが、その最後は「用閒篇」という、諜報活動を扱う篇である。スパイである。敵を欺く一つの典型ともいえる。その間諜（閒）を真に使える者とはどんな人か、について孫子は次のような含蓄のある言葉を残している。

「聖智に非ざれば閒を用うること能わず、仁義に非ざれば閒を使うこと能わず、微妙に非ざれば閒の実を得ること能わず」（用閒篇〈第十三〉［金谷］179頁）

その意味は、「聡明な思慮深さがなければ、仁慈と正義がなければ、微妙な心配りがなければ、間諜を使うことはできない」ということである。間諜という秘密の行動、人を裏切る行動をとる人を使うには、むしろ聖智や仁義や微妙な心配りといった人間として深い資質をもった人でなければならない、という。だまし、裏切るのは、表面のこと、短期のこと。しかし、奥深くには、長期的には、人間としての真実がなければならない。

兵とは詭道なり、という言葉と相通じるものがある。戦略は正でなければならず、政治も経営も道が大本になければならない。しかし、詭道もまた可であるし、必要なのである。

なぜ、正である基本、道という大本がなければ、兵の世界であっても、長期的には成立しないのか。

それは、当面の敵が、未来永劫の敵ではないからである。状況が変われば、敵は味方になり、味方は敵になりうる。それも、どう変わるかは今からは読めない、分からない。だから、いつかは共同歩調をとるかも知れない人々を相手に、きちんと自分たちの信用基盤をもっておく必要がある。そのためには、大本は正や道でなければならないのである。

そうでなければ、最後の最後は、信用されない。人をだましかねない間諜を使うのに聖智や仁義が必要である理由が、最後の最後に誰の言葉を信用すればいいのかの基盤がなければならないから、というのと同じことなのである。

ただ、顧客を戦略の究極の対象と考えると、ビジネスの世界では「兵とは詭道なり」という言葉をより慎重に考える必要があるだろう。

たびたび述べているが、戦さはあくまで敵を倒すことを目的とするものである。しかし、企業の競争は競合相手を打ち負かすことが目的ではない。顧客を獲得すること、顧客の満足を競合相手よりもより多く勝ち取ることを目的としている。競合相手を負かしても、顧客にそっぽを向かれるのなら、そんな戦略に意味はない。

だから、顧客を欺き、裏をかくのは、企業戦略の基本にもとる。顧客を相手に偽りの道は長期的には成立しない。しかし、競合相手の裏をかく、競合相手の動きを巧みに利用する、という意味での詭道は、戦略としてありうる。競合相手の裏をかいて、より顧客の満足を勝ち取る、という意味での「詭道」である。

あるいは、多少は「欺く」という言葉の語感に近いところでいえば、「顧客を驚かす」という意味でのある種の詭道ならば、戦略としてありうるであろう。

ソニーが一九八〇年代にCDを開発したときのプロジェクトリーダーだった鶴島克明さんの言葉に、イノベーションの本質についての名言がある。

「イノベーションとは、感動である」

つまり、顧客が新しい製品を使って、「大いに驚き、感動する」ことで、市場は大きく動く。それではじめて、イノベーションが実現する、というのである。

その種の驚きは、顧客からすれば「まさか」の思いであり、ある意味ではそれを仕掛けた企業からすれば詭道でもある。一つには、顧客の思ってもいないようなことを考えて、あえて実現する戦略、という意味の詭道であり、第二には、そうしたイノベーションの直前の製品を買った顧客からすれば、「待てばよかった。そんな製品が出るのなら、あらかじめいってくれればいいのに。多少、だまされた感がある」と思うかも知れない。

しかし、その程度の詭道ならば、そして実際に提供される製品が素晴らしいのなら、十分に許されていいであろう。さらにいえば、一世代前の製品の購入者が「しまった」と思うような製品の差別化を狙う、という意味での「詭道」なら、ぜひ狙うべきである。

孫子の言葉は、多様な解釈を許してくれる。詭道という言葉も、奥行きの深い一つの例である。

第五章

戦略的思考とは

一　彼を知りて己を知れば、勝ち乃ち殆《あや》うからず

――己を知り、天を知ることが、戦略の原点

「彼れを知りて己れを知れば、勝ち乃《すなわ》ち殆《あや》うからず。地を知りて天を知れば、勝ち乃ち全うすべし」

「知彼知己、勝乃不殆、知天知地、勝乃可全」　地形篇（第十）〔金谷〕139頁

第四章では、戦略の内容の真髄について、孫子の五つの言葉を紹介した。この章では、戦略を考えるときの思考の仕方、考えのめぐらせ方、つまり戦略的思考についての孫子の言葉を、五つ紹介しよう。

その一つ目は、敵を知り、己を知り、そして天と地という環境条件をよく考えることこそ、戦略的思考のポイントだ、という孫子の言葉である。

すでに第一章第四節でこの言葉を予告したが、おそらく読者も次の孫子の言葉をどこかで見たことがあるだろう。

「彼れを知りて己れを知れば、百戦して殆うからず」（謀攻篇〈第三〉［金谷］52頁）

謀攻篇（第三）にある、有名な言葉である。しかしこれは、敵の状況と自軍の実態という「彼我についてだけ」の言葉である。じつは、孫子はさらに天と地について考えをめぐらすことの重要性を付け加えた、本節の冒頭に引いた言葉を残している。こちらの言葉の方が、戦略的思考のポイントとしてはより適切である。

孫子の思考の特徴の一つは、細かなことと思いがちなことにも考えがきちんと及んでいることである。ここでは、敵と己のことだけでなく、さらに敵と己がともに置かれている天（気候・天候・時間）と地（地形）という環境条件をも考えることで、勝ちがさらに確実になる、といっている。

すなわち、彼を知りて己を知れば戦っても負ける危険が小さくなるが、その上で環境条件をよく知ればいつでも勝てる、と危険の程度あるいは勝ち方について段階を分けているのである。逆にいえば、敵を知り己を知るだけではまだ不十分で、天と地をも知る必要あり、ということになる。

企業の戦略でいえば、競合相手が彼にあたるのだが、天にあたるものとして、顧客を考えるべきだろう。お客様は神様です、とむかし有名な歌手がいったが、お客様は天にも等しいのである。地は、政府や地域環境などが用意する競争の基礎条件のことであろうか。

顧客のことを知らなければ、企業の戦略はそもそも成立しない。それは当たり前のことなのだが、それなのについつい敵（競合相手）のことばかりを考えて、肝心の顧客をおろそかにしてしまう間違いが案外多いのではないか。競合相手とのスペック競争にはまり、顧客が本当に必要としているかどうかも深く考えずにどんどん機能を追加する企業、などがその例である。「彼れを知りて己れを知れば、百戦して殆うからず」と感心しているだけでは、企業の戦略の場合は不十分なのである。

このように、「段階に分けて考える」「その上で先の段階にまで思考をめぐらす」というのが孫子の戦略的思考の一つのポイントだが、じつは謀攻篇の「百戦して殆うからず」という有名な言葉にも、すぐに後に「段階を分けて考えている」続きがあるのである。

「彼れを知らずして己れを知れば、一勝一負す。彼れを知らず己れを知らざれば、戦う毎《ごと》に必ず殆うし」（謀攻篇（第三）［金谷］52頁）

つまり、敵の実情を知らなければ、自分を知っていても、勝ち負けは分からない。勝ったり負けたりだろう。ましてや、敵の実情も自分の実情もよく分かっていないのなら、戦うごとに負ける危険が大きい。

しかし、敵を知るのと、己を知るのと、どちらがむつかしいか。私は考えてしまう。

案外、己ではないか。そうならば、彼を知り己を知らずば、どうなるか。それを考える必要がありそうだ。おそらく、負ける危険は、彼を知らず己を知る場合よりも大きいだろう。

私が、己を知ることの方が彼を知ることよりもむつかしいのがふつうなのでは、と思ってしまう理由は、二つある。

第一に、自分のことはすでに知っている、と思い込むのが人の常である。だから、きちんと自分の実情を把握する努力を怠りがちである。しかも、自分のことはもう分かっている、という場合の自分の状態は、日常的に表面的に目に入る自分の姿である。厳しいストレステストにさらされた場合の自分の姿などではない。だが、戦いの場で真に重要となるのは、厳しい状況で発揮できる自分の実力なのである。

己を知ることが彼を知ることよりむつかしい第二の理由は、自分の力をついつい過大に評価したくなるのが人の常だからである。自己肯定への願望、あるいは幻想、といってもいいだろう。

そうした希望的観測は、日常的でない状況での自分を想像するときに、とくに強くなる傾向があるらしい。企業の例でいえば、自分たちがなれ親しんできた既存事業での彼我の能力の見定めはかなりきちんと行えるのがふつうだが、新事業分野などの新しい分野、日常的でない分野になると、そこでの不確実性の大きさに耐えられなくなるのか、「まあなんとかなる」と恐ろしいほどの希望的観測が生まれてしまうことが、しばしばある。

「跳ばない本業、突っ込む新事業」とでもいおうか。それが、多くの多角化事業が失敗する理由である。多角化していく新しい事業分野への投資を、驚くべき大胆さでやってしまっている企業が多い。海外での企業買収でもそうである。客観的な目で見れば、それは失敗するでしょう、といいたくなるようなことを平然とやってしまうのである。

己を知ること、さらには己を彼我の関係の中で正確に位置づけること、それがむつかしいことを示す一つの例が、人間のメンタルマップの歪みである。

むかし、ニューヨーカーたちの頭の中のアメリカ地図、というタイトルのポスターを見たことがある。マンハッタン島がもちろん中心にあり、その中はじつに詳細に描かれ、主な通りも描いてある。そして、ハドソン川を越えてニュージャージー州にいくと一気に粗くなる。だがその先はもっと乱暴で、すぐにさらに西のペンシルベニア州が粗く描かれた後、一気に二つの州を飛ばしてシカゴになってしまう。そして、シカゴのすぐ向こうはカリフォルニア州となる。

自己中心的に地図が歪むのである。自分の位置づけが歪んでいる、ともいえる。実際には、シカゴはアメリカ大陸のちょうど中心辺りにある。ペンシルベニア州からシカゴへの距離は遠い。シカゴからカリフォルニア州まではさらに遠く、数千マイルもの距離がある。それを至近距離に描くほどに、ニューヨーカーは自己中心的に自分の位置づけをしてしまう人種である、というジョークである。

だが、ニューヨーカーだけではない。多くの企業も同じである。だから、己を知ること、そして地図の上に自分を正確に位置づけることは、じつはかなりむつかしい。

それを深く認識すると、己を知ることがじつは戦略的思考の基本なのではないか、と私には思える。とくに、工場設備や軍隊の武器、従業員や兵士の数、といった目に見える資源としての己ではなく、目に見えにくい自分の技術、兵士や従業員のスキル、そして組織の風土やモラール、そうした自分の「見えざる資産」をよく知ることは、かなりむつかしい。

しかし、そうした見えざる資産としての己をきちんと把握した上で、その己が戦える相手としての「彼」を選択しなければならない。あるいは、己を知った上で、彼への対処として自分にできることを懸命に考えなければならない。

戦略を考えるとは、己をまず知る、その上で彼を知り、そして天と地を知る、というじつに繊細な思考を要求される作業なのである。ただの根性勝負の戦略など、あり得ない。そんなことをすれば、「戦う毎に必ず殆うし」である。

二　智者の慮は、必ず利と害を雑《まじ》う
——害の全体を考え、次に利を考える

「智者の慮は必ず利害に雑《まじ》う」

「智者之慮、必雑於利害」　九変篇（第八）〔金谷〕106頁

利と害をともにまぜて考えて、その上で総合判断することの大切さを説く、孫子の言葉である。

一つの作戦に、利もあれば害もある。その両方を考えよ。さらには利を考えようとすると害が思い浮かび、害を考えると利を思いつくということもある。だから、利と害をともに一つの平面で総合的に考えるのが智者の戦略的思考だ、というのである。

孫子の戦略的思考はしばしば、二項対立になりそうな二つの要因をともに考え合わ

せ、その総合判断をすべし、という発想をする。利と害をともに考えるというこの節の戦略的思考はまさにその好例で、じつは、次節で考える迂直の計（遠くに見えることと近くに見えることの両方の計）もその例である。したがって、この節と次節は、二項対立を両立させる思考、対立軸をきちんと考えて総合判断する発想、そうした戦略的思考のペアになっている。

なぜ、利と害をまぜるといい戦略的思考になるのか。

その答えになりそうなことを、孫子はここに引いた言葉のすぐ後で、次のようにいう。

「利に雑りて而ち務めは信《の》ぶべきなり。害に雑りて而ち患いは解くべきなり」

「務めは信ぶ」とは、仕事が伸びるという意味である。つまり、利にまじえて害をも考えるから、その仕事は伸びていく。信という字の意味は、ここでは「伸びる」ということである。また、害に利をまじえて考えるからこそ、患いの部分を解決することができる。

なぜ害をも考えると、かえって仕事が伸びていくのか、成功するのか。

そこには二つの理由がありそうだ。一つは、一つの作戦（あるいは行動）のもたらす利ばかりでなく、背後に潜む害にも目配りすると、失敗が少なくなり、それで作戦が成功する、あるいは成功の可能性が増す。利に目がくらみ、背後の害を考えず、下手な戦略をうつ、というのはビジネスの世界でもよくありそうだ。

もっと戦略性の高い第二の理由は、あえて害になりそうな部分を覚悟すると、その先に逆転の発想で大きな利が見えてくるからである。

たとえば、軍略でいえば、第二章第三節で説明した韓信の背水の陣が、そのいい例である。川を背にして陣取る、という害に見える作戦をとることによって、自軍の兵士の緊張を生み出し、敵の将兵の思い上がりや油断を誘う。自軍の緊張という利、敵の油断という利、それらが害のある作戦（背水）から生まれたのである。

現代のビジネスの例でいえば、グーグルのウェブ検索エンジンの無料提供は、まさに「あえて害を覚悟した」戦略であった。それまでのグーグルはエンジン使用料を取ることをビジネスにしていたのに、その収入源を断つような「害」のある戦略をとったのである。

この場合、その害によって、世界中のインターネット利用者たちがグーグルの無料検索を使い始めた。「多くの人がグーグル検索を使う」という利が生まれたのである。グーグルはその利を広告収入の源泉に転化した。利用者たちのウェブ検索結果の画面に広告を出したい企業から、広告料を取ることにしたのである。

あるいは、製品開発でも、「あえて害になりそうな部分を覚悟すると、結果として大きな利が生み出せる」という例は多い。たとえば、小松製作所（コマツ）はダントツ商品で有名になったが、それは製品の性能や特徴に必ず、競争相手と比べてダントツに優れた部分を作る、という戦略である。

そのダントツ作りのためには、資源や費用をそこに割く必要が出るのだが、その投入資源や資金は、その製品でダントツに「しない」性能や特徴の部分では競争相手に負けかねないことを覚悟して捻出する、というのである。つまり、あえて覚悟する害は「競争相手に劣りかねない性能や特徴」、そこから生まれてくる大きな利は「ダントツ部分」、という戦略的思考なのである。

次に、なぜ害に利をまじえると患いの部分を解決できるのか。

害にまじりて利を考えることのメリットは、中和か撹乱であろう。自分の作戦の害の部分を、利の部分をまじえてより複雑な作戦にすることによって、中和あるいは相手を撹乱して害を消す、ということである。

中和はかなり単純な発想ではあるが、しかし重要だろう。撹乱はより高度な発想で、利を見せて相手の動きを撹乱して（あるいは自分にとって具合のいい方向へ誘い）、それによって自分にとっての害が小さくなる、あるいは消えるのを狙う、ということである。

こうして、利と害の間の直接の相互作用をきちんと考えることによって、利の拡大や害の中和ができる、というのが、この節で引いた言葉の直接的な意味だが、孫子の言葉の広がりはさらに大きい、と私には思える。

まず、利と害をともに考える、という発想をもつと、考えつく戦略の視野が広がるだろう。たとえば、害が大きいかも知れないからと排除しがちな行動案も、戦略の視野の中に入れようとする。あるいは、あえて害になりそうな部分を加えると、その先に大きな利が見えてこないか、と考えるようになる。

さらには、何が利か、何が害かをつねに両にらみで考えるような戦略的思考のクセがつけば、利と害を知る能力を鍛えることになりそうだ。たびたび本書で強調しているように、利と害だけでなく、何ごとにつけ、「きちんと知る」ということは大変むつかしいことなのである。したがって、利と害を知る能力を鍛えれば、それは大きなメリットである。

では、どんな人が利を正しく知ることができるか。それについての含蓄のある言葉が、じつは作戦篇（第二）の冒頭の一節にある。すでに第二章第二節で解説した言葉である。

「尽《ことごと》く用兵の害を知らざる者は、則ち尽く用兵の利をも知ること能わざるなり」

（作戦篇〈第二〉［金谷］36頁）

作戦篇のこの言葉が登場する節は、長い戦さが国にもたらす資源の負担を説いている。したがって、ここで「用兵の害」というのは、直接的には民の消耗や資源の消失ということである。長い戦さで国を利した例はない、と書いたすぐ後にこの言葉が出てくる。

しかし、この言葉はたんに、資源や民の消耗という戦さの害を考えよ、という意味だけのものではない、と私には思える。

孫子はこの言葉で、害を知ってはじめて利を知ることができる、といっている。その逆ではないところに、ポイントがある。利をまず考えるのではなく、まず害から考えることで利も害も見えてくる。

まず害から、という順序に意義があるのは、利というものが人の目をくらましやすいからである。そのくらんだ目で害を見ようとしても、なかなか見えるものではない。

孫子はさらに「害をことごとく知るべし」と書いていることにも、注目したい。自分の作戦のもたらす害は何か、その全体像を考えるとはじめて、その作戦のもたらす利の全体像が見えてくる。害を、代表的なものに限定して見てはダメなのである。害の全体像をことごとく見るようにするとはじめて、利が細かく見えてくる、ということなのである。

小さな害の向こうに大きな利があるかも知れない（グーグルの例）。大きな害に見えることをなくそうとしても、そこから生まれる利は小さい（コマツの例）。

だから、まず害の全体像を考えよ。その後に、利へ思考を移せ。

孫子の言葉は、深い。

三　迂を以て直と為し、患を以て利と為す
——大胆直行、誘導、蓄積

「軍争の難きは、迂を以て直と為し、患を以て利と為す」

「軍争之難者、以迂爲直、以患爲利」　軍争篇（第七）〔金谷〕89頁

軍争とは、戦場での直接的な争いのことである。そこでの戦略的思考のポイントの一つを孫子は、「迂を直になすこと」という。迂とは遠いということ、直とは直《じか》である、つまり近くであることである。したがって、遠くに見える道あるいは回りくどいやり方をかえって近き道にする、患いに見えることを逆に利としてしまうこと、それが現場での戦い方の要点だ、と孫子はいうのである。「迂直の計」という言葉で有名な、孫子の戦略である。

前節で利と害をまじえて考えると、単純な二項対立は解消できる、という孫子の戦略的思考を取り上げたが、ここでは孫子はさらに進んで、二項対立の解消どころか、二項のうちの短所やハンディをかえって長所やメリットに変えるべし、というのである。

「迂を直に変える」「患を利に変える」というと、まるで手品のように聞こえるが、もちろん孫子は手品を考えよといっているわけではない。なぜ、「迂を直になす」ことが可能なのか。

孫子は三つのパターンを考えているようだ。

1. 相手には迂に見える道を、工夫によって直に変えて攻撃する
2. 相手には迂に見える道を実際にとって相手を油断させながら、別なより速く進む道も用意する
3. 一見して直に見える道は危険が多く、迂の道をとることが結局は一番早く、つまり直の道となる

第一のパターンの日本の軍事史における有名な成功例は、源義経であろう。源平の戦いの主要な合戦では、しばしば義経の「意表をつく直行作戦」が成功した。

たとえば、一ノ谷の戦いである。神戸近くの一ノ谷に陣を構えていた平家軍を、義経は一ノ谷の背後の崖を騎馬で駆け下りるという奇襲作戦で破った。鵯越《ひよどりごえ》の逆落しという断崖下りである。崖を直下するという直行の道のことなど想定もしなかった平家軍は、奇襲で総崩れになった。

あるいは、屋島の戦い。一ノ谷で破れた平家軍は、香川県高松に近い屋島に大量の水軍を集結させて、正面の海（北側）から攻めてくる源氏の水軍に対峙していた。義経はしかし、暴風雨を利用して大阪湾を阿波の勝浦へと、ものすごいスピードで渡った。そして、陸路をすぐに阿波から讃岐へと徹夜で駆け抜け、屋島を陸側（南側）から急襲して、海からの攻撃だけに備えていた平家軍を潰走させた。

この第一のパターンが成功するためには、相手が想像できないほどの工夫をする能力や隠し玉を自軍がもっている必要がある。義経の場合、それは関東武者の騎乗能力、義経の大胆な作戦構想力だったのであろう。ともに、平家軍の予想をはるかに超えていた。

このパターンのビジネスの世界での成功例としては、一九八〇年代半ばの東芝による1MビットのDRAMというメモリーチップの開発があげられる。このメモリーの分野で八〇年代初頭に遅れをとった東芝は、「撤退」と噂されながらも、当時としては開発がむつかしくまだ市場もなかった、もっと集積度の高い1Mに、すべての開発資源を投入して開発を急いだ。そこで世界初の開発と量産に成功し、一気にメモリー分野で地位を固めた。64Kや256Kという当時すでに市場ができかかっていたセグメントを捨てて、あえて迂回路をとったのである。

こうして最先端市場一番乗り作戦を東芝が成功させると、他の日本の半導体企業も最先端製品の開発競争にのめり込むことになる。それが、後にサムスンの市場参入を許す遠因になるほどに、この東芝の一番乗り成功は半導体産業史に残る大きな出来事であった。

次に、迂直の計の第二のパターンについて。

その成功の秘訣を孫子が書いたものが、じつは第四章第四節ですでに紹介した、

「風林火山」である。風の如き速さと林の如き静かさをともに見せて、相手を翻弄するのだが、それは迂を見せて、直に動く、その二つを共存させる戦略なのである。

風林火山という言葉は、じつは迂直の計の例として、『孫子』軍争篇（第七）で登場する言葉なのである。そして、風林火山の四つとともに孫子が「……の如く」とさらにあげているものに、次の二つがある。それは、「知り難きことは陰の如く」「動くことは雷の震うが如く」である。つまり、風林火山陰雷の六つが、「迂直の計」として紹介されているのである。

こうした六つの迂直の計の全体のまとめのような言葉を、この六つを紹介する節の冒頭に孫子は書いている。

「兵は詐《さ》を以て立ち、利を以て動き、分合を以て変を為す者なり」（軍争篇〈第七〉
［金谷］94頁）

つまり、相手を欺き、利で誘い、そしてこちらは兵力を分けたり合わせたり変幻自在に動いて、それで迂直の計を実行する、というのである。それが、迂直の計の第二のパターンの本質であろう。

迂直の計の第三のパターンは、直に見える道の危険を深く考え、かえって迂に見える道をとることが最善であるという、多少は消極的に聞こえる、しかし正攻法の迂直の計である。

直に見える道にどんな危険が潜んでいるか、孫子は戦場の将兵の実際の動きを想像して、リアルに語っている。こうしたディテールの現場想像力は、『孫子』全編のあちこちに見られる、孫子の魅力の一つである。

たとえば孫子は、冒頭で引いた言葉の後に「軍を挙げて利を争えば則ち及ばず」と警告し、そうなってしまう状況をリアルに描いている。たとえば、あまりに急いで輜《し》重《ちょう》を置き去りにするようになると、最後は兵站が続かずに負ける。百里の道を急げば、ついてこれない兵も出て、速く進軍できる将軍たちがかえって捕らえられることになる、といった具合である。

いずれの例も、直の道は利に見えるが、そこには危険があるということである。孫子曰わく、「軍争は利たり、軍争は危たり」。

直に見える道の危うさの例は、ビジネスの世界にも多い。たとえば、買収で市場ポジションを買うという戦略、あるいは技術導入して新しい技術を手に入れるという戦略である。ともに、時間を買ったつもりが、もぬけの殻を買ったことになったり、買収相手との事業融合や導入技術の消化にかえって時間がかかったり、と失敗することも多い。

だから、自社で工場の建設から人の採用、流通網の構築など、一から築き上げていくグリーンフィールド投資、自主開発を基本とする国内技術開発など、一見は迂に見える道が成功することが案外多いのである。

こうした三つのパターンの迂直の計のキーワードを私なりに考えると、第一のパターンは「大胆直行」、第二のパターンは「迂という詐」、第三のパターンは「迂による蓄積」であろう。

そして、三つのキーワードの背後には、それを可能にする戦略が構想されていなければならない。

大胆直行という迂直の計が成功するためには、相手の思いもよらない能力や戦略構想力がなければならない。

あるいは、詐による誘導という迂直の計が成功するためには、相手を誘導した後にどんな機敏な戦略をとるのか、その準備があらかじめ必要である。

さらに、「迂に見える蓄積」を成功させるためには、蓄積をどのように行うのか、どうスピードアップするかの戦略がきちんと用意されていなければならない。

迂直の計をたんに、「急がば回れ」「禍を転じて福となす」、という教訓だと考えてはならない。迂直の計の背後にあるこの三つのキーワードを支えるための条件を自ら作れるか、その戦略的思考を孫子が要求している、と考えるべきである。

四　之を作《おこ》して動静の理を知り、之に角《ふ》れて有余不足の処を知る
――まず動き、ディテールから情報を汲み出す

「これを作《おこ》して動静の理を知り、（中略）これに角《ふ》れて有余不足の処を知る」

「作之而知動静之理、（中略）角之而知有餘不足之處」　虚実篇（第六）［金谷］84頁

どのように相手と自軍の実力を知るか、相手の動き方を知るか、そのやり方についての言葉である。相手との優劣比較と相手の動き方の知識は、戦略を考える際の基本情報である。したがって、それらをどのようにして知るかについての考え方は、戦略的思考としてきわめて大切である。

この孫子の言葉は直訳すると、「敵軍を刺激して動かして相手の行動の基準を知り、敵軍と小ぜりあいをしてみて彼我の勢力の強弱の場所を知る」ということである。「作」とはことを起こすこと、「角」とは相手に接触することである。

この言葉が面白いのは、敵を刺激してみるとか小ぜりあいしてみるとか、とにかく自分が動いて相手にぶつかってみることによって、相手の行動パターンや強弱のあり方の情報を得ようというところである。

たんに観察するとか、探索活動をするというような情報収集ではなく、実戦の動きの中から、つまり現場の動きのディテールの中から、相手の情報を得ようとしている。その点が、ユニークだと思う。

もちろん、孫子はさまざまな探索活動も重要だと考えている。実際、ここに引いた言葉は、自軍と敵軍の動静や実力を知るための四つの活動を述べた文章のうちの、二つの活動（作と角）の部分である。他の二つでここに引かなかったものは、「策」と「形」で、こちらはいわばふつうの情報探索である。

「策」とは敵情の目算のことで、それによって得失の計を知る、と孫子はいう。そして「形」とは敵軍の態勢把握のことで、それによって敵の「死生の地」の見当がつけられる、と続けている。

だが、目算も態勢把握も、観測活動であり探索活動であって、実戦を行うところまではいっていない。一方、作や角は、相手との接触を実際にもつことで、つまり小さな実戦の動きの中で、相手の動きのディテールから情報を獲得する、という点で一歩踏み込んでいる。

そこには、二つのポイントがある。一つは、「現場を動かし、その動きの中での相手の観察」だということである。そして第二に、ディテールの細かな観察だということ。実際に動くことの意味、細かに見ることの意味、ともに孫子がたびたび同書の他の箇所でも強調する重要なポイントである。

自分が動き、相手もそれに反応して動くという現場において相手の観察が大切、という第一のポイントの意義は、現場の動きの中にこそ真実が表れる、ということである。相手が動くということは、そこに何かの意図や理由があるからである。あるいは、相手は自分の置かれた状況を反映して動くはずである。だから、現場の動きの中から読み取れることに相手の真実が潜んでいる。

したがって、相手を刺激する作戦をとる、相手と接触戦を行う、するとそこでの相手の反応から、相手の行動パターンのクセ（動静の理）や相手のどこが強くどこが弱いか（有余不足の処）が読み取れる、と孫子は考える。

次に、ここで引いた言葉の第二のポイント、現場のディテールを大切にする思考は、たんに観察するだけでなく、その小さな観察から現場の実情をありありと想像できる現場想像力が重要だということだろう。

たとえば、敵情の観察からの探索についても、孫子はじつに細かに見ている。行軍篇（第九）に、次のような敵情の判断の基準についての言葉がある。

「杖つきて立つ者は飢うるなり。汲みて先ず飲む者は渇するなり。利を見て進まざる者は労《つか》るるなり。鳥の集まる者は虚しきなり。夜呼ぶ者は恐るるなり」（行軍篇〈第九〉［金谷］123頁）

杖を使う兵士が多いのは、敵軍が飢えている証拠。水を飲みたがるのは、水が欠乏していているから。有利なのに進軍してこないのは疲れている証拠だし、鳥が集まっている場所には相手の陣はない。夜に叫び声が聞こえるのは、敵の中に恐怖感情がめばえているから。

いずれも、なるほどと思えるし、こうした小さな観察から現場の実態を想像する、「現場想像力」こそ重要だと感じさせられる。それは、戦場でも企業経営でも同じであろう。

孫子はさらに、敵の組織の中の心理状態の想像についても、右の文章にすぐ続けてこういう。

「軍の擾《みだ》る者は将の重からざるなり。（中略）吏の怒る者は倦みたるなり」

軍営が騒がしいのは、将軍に威厳がないから。下級幹部が怒っているのは、軍全体の倦怠感の表れ。企業にもそっくり当てはまりそうな言葉ばかりである。

しかし孫子は、第一章で紹介したように、「兵は国の大事」とか「算多きは勝つ」というように、スケールの大きい発想、事前の周到な計画などの重要性を説く。そして一方で、この節で紹介しているように現場の小さな想像も大切にする。そこに孫子の魅力がある。大きな発想と小さな想像、いわば「鳥の目」と「虫の目」が見事に共存しているのである。

この節に引いた言葉で孫子が説いていることを、ビジネスの世界に当てはめると、どんなヒントが出てくるだろうか。

たびたびいっていることだが、ビジネスの世界では二種類の相手を考えなければならない。競合相手と顧客である。競合相手は敵といってもいいが、顧客は敵ではない。企業の命である。しかし、自分の思うようにはならない相手でもある。

顧客を相手と考えて孫子の言葉を読み替えてみると、「顧客を実際に刺激してみよ、接触してみよ、そこでの顧客の反応から顧客のニーズを学べ」ということになるだろう。たんなる市場調査ではなく、たとえば実際の製品提供あるいはサンプル提供の方が顧客についてより学べる、ということである。

もちろん、戦場での敵との接触と同じように、そこには危険がある。コストもかかる。だが、現場で相手の反応を直接的に知ること、そこからの想像力を正しく働かせることの価値は大きい。アンケートやインタビュー調査の仮想質問に対する答えとは、まったく違う重みがある。

アップルの創業者であるスティーブ・ジョブズは、「顧客はイノベーティブな製品を実際に提供されてはじめて、自分はこういうものが欲しかった、と思うのだ。顧客は自分自身のニーズを言葉で事前に表現できるほどには、自分のニーズを知らない」といっていた。

ただ、ふつうの企業はジョブズほど大胆になるのはむつかしいかも知れない。むしろ、頻繁に接触し、ときどき刺激して、顧客からの不満や改善点の要求を聞いて製品開発を進めていく、というイメージの方がいいだろう。

そこでは、企業側の開発陣と顧客との間で、顧客の真の要求、ニーズに関する情報を運んでくれる船のようなものが行き来している、と考えればよい。いわば、「伝達の連絡船」が顧客という港と自社という港の間を行き来する。その船は、企業からの提案を顧客に運び、そしてその提案への反応という重みのある情報を企業に運ぶ、双方向の連絡船である。

顧客の真のニーズを知るためには、自分が動かなければならない。ただ観察しているだけでは、不十分である。顧客にモノやサービスを提供してみて、はじめて顧客は意味のある反応をする。言葉だけの問いかけでは、意味のある返答を顧客はできないのである。

顧客から学べる企業は、顧客に問いかける連絡船を出す企業である。連絡船を出せば、帰り船で顧客からの真の情報が運ばれてくる。

その連絡船の意義を、ここに引いた孫子の言葉は、ずばりと指摘している。

五　始めは処女の如く、後に脱兎の如し
――学習する能力が死命を制する

「始めは処女の如くにして、敵人　戸を開き、後は脱兎の如くにして、敵　拒《ふせ》ぐに及ばず」

「始如處女、敵人開戶、後如脱兎、敵不及拒」　九地篇（第十一）〔金谷〕163頁

有名な言葉である。ただし、節のタイトルにした一般的に使われる表現は省略形で、原文には敵人開戸と敵不及拒という言葉が入っている。

ここに引いた言葉の訳は、「始めは処女のようにおとなしくしていれば、敵は油断して戸を開ける。後に脱兎のように攻撃すると、敵は防ぎきることができない」。

この言葉は、九地篇（第十一）の最後の節に登場する。そのくだりの出だしは、次

の言葉である。

「兵を為すの事は、敵の意を順詳するにあり」

つまり、敵の意図を十分に把握することが、兵事には大切である、と始まる文章で、敵の意図を理解した上で、それを誘導したり欺いたりすることを説いて、九地篇の締めとしている。

しかし、そういう「誘導」や「欺き」の手段として「処女の如く」という行動があるだけではなさそうだ。古来多くの人々がこの言葉の意味をたんなるだましのテクニックとはとらず、多少広く解釈して「始めは慎重に出て大したことはないと思わせるが、後で一気に実力を発揮すること」というような意味で使ってきたようだ。私も、孫子の原典を読むまでは、こうした広い意味で使っていた。

孫子の意図も、広い解釈のようであった、と私には思える。では、「だましのテクニック」としての処女と、実力を発揮するに至る処女との違いはなんだろうか。それを考える鍵は、「なぜ処女が脱兎に変われるか」を問うことであろう。

孫子自身はその答えを明示的には書いていない。しかし、孫子らしい論理を他の部分から推測できる。欺きだけでは、戦略的思考として底が浅い。

その論理のヒントが、じつは前節にある。「作」と「角」で相手と実際に接触することによって、自分を知ることができること、自分にもたらされるものがあることが、前節の基本的メッセージだった。「作」と「角」といういわば予備的接触は、「処女の如く」の一つの例に見えるのである。

つまり、処女の時期にもたらされるものがあるからこそ、脱兎に変われる。だから、脱兎に変われる処女は、処女ならば誰でもということではなく、脱兎に変わるべく準備する処女、ということになる。

処女として行動する時期がもたらしてくれるものは、大きく分けて三つありそうだ。

第一に、前節で述べたような、敵情についての具体的な情報である。敵の行動パターン、敵の強弱のあり方、それらを処女期の作《おこ》すと角《ふ》れるから学ぶことができる。その情報の中には、「敵の意を順詳する」という敵の意図の理解も入れていいだろう。

第二に、自分の側の経験であり、能力の蓄積である。処女の振る舞いをしている時期にも、その処女はさまざまな経験をする。敵との接触で自分の技量が上がることもある。つまり、経験から学んで自分の能力を蓄積できることも多いのである。

第三は、敵の油断である。敵の好意すら勝ち取れるかも知れない。これが処女という振る舞いによってもたらされる、というのが欺きの論理である。

つまり、第一は相手についての学習、第二は自分の能力蓄積、第三は敵の心理的ゆるみ。この三つが処女という時期がもたらしてくれるものである。

戦場とビジネスの世界は似ている点も多いが、違いもある。その違いの一つが、時間の流れる速さである。戦場では速い。大きな合戦でも、籠城でもしない限り、一日や二日でけりがつくことがしばしばである。しかし、ビジネスの世界での時間の流れははるかに遅い。一つの行動がそれだけで命取りになることは少なく、また現場での学習や能力蓄積は徐々に進んでいくものである。

したがって、戦場へのメッセージとして「始めは処女」という時期がもたらしてくれるものを考えると、おそらく第一と第三が中心になるだろう。しかし、ビジネスの世界では第一と第二のメリットが中心になるだろう。

処女転じて脱兎という経営戦略の例を考えてみると、第三章第二節で紹介したサムスンの半導体事業参入と日本逆転戦略を思いつく。サムスンは処女の如く半導体メモリー市場という日本企業が圧倒的に強かった市場に参入した。一九八〇年代半ばのことである。そして、脱兎の如く日本企業を追い落として逆転した。九〇年代半ばという、参入からわずか十年後のことであった。

サムスンがメモリー市場に参入したのは、当時にすでに枯れた商品になりかかっていた64Kというメモリーのセグメントであった。そのセグメントは、先端技術競争をしたがる日本企業が自らそこを捨て、より先端的で集積度の高い製品へと移っていった後に残されたセグメントであった。しかし、枯れた商品にも需要は十分あり、その上、日本企業が出ていくので競争は激しくなく、あたかも処女の如くに参入できた。

この参入成功で、サムスンは日本企業を欺いたのではなかった。日本企業は、あたかも自分で勝手に「戸を開けた」かの如くであった。枯れたセグメントの需要をサムスンに残したのだから。また、そうした枯れた技術用の設備が中古で安く日本企業からサムスンに流れた。これも、「戸を開けた」に等しい。その上、サムスンは日本企業を訪問して直接教えを請うたりした。日本企業の中には教えた企業もあったし、日本企業の多くの技術者たちが週末のアルバイトに韓国に渡っていたという話も残っている。

こうした、日本企業からの意図せざる助力以外にも、この処女の時期はサムスンに「相手の学習」と「自分の能力蓄積」という二つの成果をもたらしてくれた。もちろん、参入成功による利益という戦略的成果もあった。

相手の学習とは、一つは顧客に納入できたことによる顧客の特徴の学習であり、もう一つは敵である日本の半導体企業の行動パターンや強弱のあり方の学習であった。能力蓄積とは、半導体を大量生産すること自体が、生産技術の蓄積になっていたのである。

こうした知識蓄積・能力蓄積と利益の蓄積をベースに、サムスンは九〇年代はじめから積極的な開発と設備投資の戦略に打って出る。脱兎に変わったのである。その際に、日本企業が国内で最先端技術競争にばかりのめり込む、というクセをもっていることを見事に利用し、バブル崩壊で日本企業の資金繰りがきつくなっていたことも利用したりした。つまり、「有余不足」をしっかりと知られた上で、サムスンに脱兎の戦略をとられたのが日本企業であった。

不況期の積極的設備投資と不況期の低価格戦略による競争相手のふるい落とし戦略は、巨大な設備をもつに至ったサムスンのコスト競争力があればこその戦略で、しかも日本企業にはきつかった。そして、孫子の言葉通り、「敵不及拒」となって、日本半導体産業の転落が始まった。

処女転じて脱兎、という戦略的思考のポイントは、欺きの論理だけでなく、学習の論理だと私は思う。処女が学習して脱兎になる、という戦略なのである。

学習する能力のない、あるいは準備のない処女は、せいぜいしばらく敵を欺くだけである。それでは長期発展はむつかしい。学習する能力が肝であり、その能力は、現場の動きの中で培われ、発揮される。前節の「作」と「角」の戦略的思考と同じように、現場の動きの中でこそ生まれてくるものなのである。

だから、まず、動いてみよ。処女の如くでいい。そこで学習せよ。そして、敵が隙を見せたら、鋭く攻めよ。

第六章

勢いは経営の肝

一　激水の疾くして石を漂すに至る者は勢なり

――現場の心理の基本は勢いにあり

「激水の疾くして石を漂《ただよわ》すに至る者は勢なり」

「激水之疾、至於漂石者、勢也」　勢篇（第五）［金谷］68頁

動かぬはずの石が、激しい水の流れに押され、漂い始める。それは、水の勢いがもたらす動き。そして、漂い始めた石は、その漂うこと自体の勢いも加わり、ますます動いていく。

すべて、勢いのなせる業である。ふつうはあり得ないことが、勢いゆえに起きる。これは企業組織でも、社会現象でも、しばしば見られることである。小さな例では、「その場の勢いでつい引き受けてしまった」と、顧客の無理な注文を受けてしま

う。あるいは、ひとたび新製品が成功すると、その成功が従業員の心理を大きく変え、イケイケどんどんとばかりに積極的になり、さらに次の製品も成功する。

ときには、勢いゆえのマイナスもありうる。社会全体での大きな例では、バブル経済の勢いが多くの企業に過剰な発熱現象を引き起こし、過大設備投資や過熱財務投資をさせた。

このように勢いがもたらす「大きな動き」の事例は多い。孫子は戦略的思考の中で、勢いというものをとくに重視した人だ、と私は思う。そして、勢いをいかに作り出すかが、戦略あるいは経営の大きな肝だと考えていた。だから、戦略的思考全般を語った前章に続いて、勢いを中心に孫子の戦略的思考を読み解く章を設け、それを本書の最終章としたい。

勢いとは、組織や社会の集団心理の一種である。メンバーが相互に刺激しあい、プラスのフィードバックが彼らの間に生まれ、どんどんと前向きの姿勢が高まっていく。一つの方向にベクトルが収斂し始める。その結果として、発熱現象とでも名付けたくなるような高揚感が生まれ、それがときに過剰となってマイナスも発生する。しかし、プラス面を考えれば、どんどん前進し続けられるエネルギーの自己供給メカニズムが、勢いである。

『孫子』の一三の篇の中で、第四篇から第六篇のタイトルが、孫子の戦略的思考の本質的部分を表現していると思われる。次の三つである。

形篇（第四）、勢篇（第五）、虚実篇（第六）。

形とは、軍の構成、つまり組織編成や配置のことである。虚実とは、すでに本書の第四章でも紹介したように、実をもって虚を撃つという戦略のことであり、あるいは虚実を織り交ぜた戦略のことである。

この三つ以外の篇には、むしろ軍略の分野の名前がついている。たとえば、作戦篇、謀攻篇、軍争篇、九変篇、という具合である。

もちろん、形篇、勢篇、虚実篇という三つの篇以外にも、孫子の戦略的思考の深い洞察を示す言葉は多く書かれている。だから、前章でもこの三篇以外の篇からの言葉を孫子の戦略的思考として取り上げた。しかしこの第六章では、戦略的思考のあり方そのものが篇のタイトルになっている三つの篇から、「勢い」に関する言葉を選び出して、私なりに読み解いてみよう。

形篇から虚実篇までの三篇をまとめて読んでみると、孫子の戦略的思考の一番本質的な部分は、

「形と虚実を工夫して、勢いを作り出すこと」

と表現できるように思う。だから、形篇にも勢いに関する言葉があり、虚実篇にもある。

孫子がなぜ、勢いをそれほど重要視するのか。その理由を、勢篇にある次の言葉がずばり語っている。

「乱は治に生じ、怯は勇に生じ、弱は彊（強）に生ず。治乱は数なり。勇怯は勢なり。彊弱は形なり」（勢篇〈第五〉［金谷］70頁）

意訳すれば、次のようなことであろう。治まっていても乱れる。勇敢でも怯懦《きょうだ》になる。強くても弱くなる。それが軍のならいだが、治乱のいずれかを決めるのは数（軍勢や武器の規模）であり、勇怯のいずれかを分かつのは勢いであり、強弱を左右する

のは形（軍の編成、配置）である。

数とは、戦争の物理的力学を決める基本変数である。大軍には勝てない、ということがその例である。しかし、軍の編成と配置（形）のよろしきを得れば、全体の数においては劣位でも、一つの戦闘の局面では優位に立てることがあり、それで実戦での強弱は決まる。つまり、強弱は形なり、となる。これもまた、個々の戦闘場面での物理的力学を形が決める、ということである。

しかし、戦闘での力の優位を決めるもう一つの重要な変数がある。孫子がつねに戦争の物理的力学とならんで大切にしている、戦場での将兵の人間心理学である。それが、勇怯である。勇ましい気持ちを維持できている兵は、戦闘に強い。進んで戦う。怯えている将兵では、数が優位でも逃げ回ることになる。

その勇怯を決めるのが、勢いだ。そう、孫子は喝破する。つまり、戦場の将兵の心理を、勢いが決めている。

だから、勢いをどう作り出せるか、そのような心理状態を自分の組織にもたらすにはどうしたらいいか、それを考えるのが経営の肝であり、戦略的思考の大きな焦点なのである。その点では、軍も企業組織も同じであろう。

勢いを作り出すには、形と虚実が深く関係する、と孫子は考えている。それを象徴する二つの言葉を紹介しておこう。

まず、形が勢いを生み出すことを、象徴的に語っている言葉が、形篇（第四）の最後にある。

「勝者の民を戦わしむるや、積水を千仞《せんじん》の谿に決するが若き者は、形なり」（形篇〈第四〉［金谷］62頁）

水を溜め、それを谷に一気に落とすと勢いが生まれる。それが勝者の戦い方である。それを可能にするのは、水を溜める形であり、それを一気に落とす形だ、と孫子はいいたいのであろう。

谷に落ちる水の如き勢いで動き出すのは、兵たちである。一気にみんなが同じ方向で動き出すからこそ、ますます勢いがつく。そんな姿を孫子は思い描いている。

虚実と勢いの関係については、それと私には読める言葉が計篇（第一）と勢篇（第五〉にそれぞれ一つずつある。

「勢とは利に因《よ》りて権を制するなり」（計篇〈第一〉［金谷］30頁）

「戦勢は奇正に過ぎざるも、奇正の変は勝《あ》げて窮むべからざるなり」（勢篇〈第五〉［金谷］66頁）

前者の言葉は、相手と自軍の利をよく考えて臨機応変の措置をとることで、勢いが生まれる、という意味だと私は解釈する。計篇の「兵とは詭道なり」で始まる節の直前に出てくる言葉である。

つまり、勢いそのものは兵の心理だが、それをプラスに導くには臨機応変の動きをして勝ちを味わうことである、といいたいのであろう。詭道や利を考えるという、虚実の戦略がもたらす自軍の兵士への心理的効果が、ここで語られている。

後者の言葉の方は、勢いというものは奇と正の組み合わせで作られる、という簡明な事実を述べ、しかしその組み合わせは無限にある、と孫子らしい洞察をしている。

奇正の組み合わせとは、虚実の戦略の組み合わせがその基本にあるものであろう。

そもそも、私が孫子の戦略の真髄の第一として第四章第一節で取り上げた「戦いは、正を以て合い、奇を以て勝つ」という言葉自体が、じつは勢篇にある言葉である。そして、ここに引いた「戦勢は奇正に過ぎざるも」という言葉は、この合正勝奇に続いて、その解説として無限のバリエーションがあることを語っている部分に登場する。

勢いを生み出す戦略とは、奇正、虚実を織り交ぜたものだ、という孫子の基本的な考え方が示されている。そして、そのような戦略によって、水は千仞の谷へと落ちていき、石を漂わす。それが勝者の姿なのである。

二　勢は弩を彍《ひ》くが如く、節は機を発するが如し

――タメを作り、一気に放つ

「善く戦う者は、其の勢は険にして其の節は短なり。勢は弩《ど》を彍《ひ》くが如く、節は機を発するが如し」

「善戰者、其勢險、其節短、勢如彍弩、節如發機」　勢篇（第五）［金谷］68頁

勢いをもたらす戦略に不可欠な要素は、「節」である。節とは、竹の節目のようなもので、区切りを意味すると思えばよい。区切りを一気に短く打つのが、戦いの巧者で、勢いもそこから生まれてくる。ここで引いた言葉は、勢いと節との関係を述べた言葉である。

まず、戦いの巧者は勢いを険しくし、そのために節を短くする、という。そして、

勢いとは弓を張るような状態で、そこから一気に矢を放つのが節の正しいあり方、というのである。「機を発する」とは、弩弓の引き金を引く操作をいう。

つまり孫子がいいたいのは、勢いを作り出すためには、「タメを作り、その後に一気に放つ」ことが大切だということである。それを弓になぞらえて、まず弓を張るように「タメ」を作り、そこから一気に発射することが肝心だ、というのである。

それは、前節で紹介した、積水を千仞の谷に落とすが如く、というイメージと同じである。水を溜めるということは弓を張ることと同じ、千仞の谷に落とすのは機を発するのと同じ。それが短であればあるほど、勢いがつく。

じつは、「節」という言葉は、前節に引いた「激水の疾くして石を漂すに至る者は勢なり」のすぐ後に続く文章、「鷙鳥の疾くして毀折に至る者は節なり」で登場する。勢いと節は言葉の登場場面からして、ペアとして同じところで出てくるのである。

「鷙鳥の疾くして毀折に至る者は節なり」という文章の意味は、「鷲のような猛禽類の鳥がものを打ち砕くほどの急降下をするのが、節である」ということである。

石を漂わす勢いと鳥が打ち砕く急降下とが、ペアで語られている。そして、勢いが険しいことと節が短であることとがペアになる。さらに、弩弓にたとえれば、弓を引いて、そして短をもって機を発することが大切、というのである。いずれも、勢いとは「タメを作り、一気に放つ」ことだといっているわけである。

「まずタメ、しかる後の一気」という戦略的発想は、『孫子』の他の箇所にも登場する。たとえば、九地篇（第十一）は、さまざまな状況の土地での戦略のバリエーションを語っている篇であるが、そのまとめのような戦略を語る箇所に、この発想が出てくる。

孫子はこういう。

「帥《ひき》いてこれと期すれば、高きに登りて其の梯《はしご》を去るが如く、帥いてこれと深く諸侯の地に入りて其の機を発すれば、（中略）群羊を駆るが若し」（九地篇〈第十一〉［金谷］155頁）

「帥いて」とは、戦さを起こすことで、「期す」とは戦いの時期を定めることである。それらが決定したら、高い所に上げて梯を外すようにして、兵の逃げ場をなくすべし、と孫子はいう。われわれは現代日本で「梯を外す」という慣用表現をよく使うが、おそらくその語源はこの孫子の言葉だろう。

逃げ場のない兵には、巨大なタメができる。そして、いざ敵地に深く入り込んだ後に、機を発するのである。つまり、一気にタメを放つ作戦に出る。そうすれば、兵たちは羊の群れを駆るように動く、と孫子はいうのである。

なぜ、羊を駆るが如く、になるか。

羊の群れは、その群れの中のどれか一匹が動き始めると、他の羊もそれに従う。すると一つの流れが生まれ、どんどんと動いていく。それを羊飼いが後から追えば、ますます群れに勢いが生まれ、群れの速度と方向が決まっていく。

その状態にまでもっていくのが、勢いを生み出す戦略である。それには、「高みに上らせ梯を外す」ことと、「機を発する」ことが重要である。そして生まれた勢いを後から追うと、さらに加速させることができる。

ホンダの研究所の人たちから、「二階に上げて、梯を外す。さらに下から火をつける」というプロジェクトマネジメントのやり方を聞いたことがある。それで、プロジェクトの面々はがむしゃらになるし、勢いが否応なしに生まれる、というのである。

二〇〇〇年以上前に孫子がいっていたことを、ホンダの人たちは再発見したのであろう。

何をタメと考え、何を一気に放つことと考えるか。ビジネスの世界では、さまざまなバリエーションがありそうだ。

その一つの例をあげれば、アップルのiPhone戦略である。

アップルは、iPodからiPod nanoに至る携帯ミュージックプレイヤーの分野で、インターネットの端末になりうるデジタル機器としてのタメを作っていった。製品のイメージとシェアというタメばかりでなく、使い勝手のいいソフトの集積というタメや、デザイン性に優れた製品の開発と供給能力の蓄積というタメである。

そのタメができてきたところへ、携帯電話の通信網を使ったモバイルデジタル端末としてのiPhoneが開発された。電話もできるiPod nanoである。しかも、アップルはその供給を一気に爆発的に拡大できるだけの供給体制も、鴻海《ホンハイ》精密工業などの生産企業との関係をiPod時代から深めて作り上げていた。

こうしたタメができていた上で一気にそこから放たれたiPhoneという矢は、巨大な奔流となって、あっという間にスマートフォンの市場を創造していった。それだけの勢いが生まれたのである。アップルの社内の人々にも、顧客の間にも、勢いのついた集団心理が生まれたようだ。

どのようにしてタメを作るか、どのタイミングで、どんな行動で一気にタメを放つか。勢いを生み出す戦略を考えようとすると、具体的に考えるべきことは多い。しかし、こうした勢いを作る戦略を考える思考の原点のような言葉を、孫子は残している。先ほど引いた、「群羊を駆るが若し」の後にある文章である。

「九地の変、屈伸の利、人情の理は、察せざるべからざるなり」

この言葉はじつは、すでに第二章で将のあるべき姿を考えた際に引いている。将軍の仕事は三軍を険に投ずること、という将軍のあり方を考えた第三節である。

九地の変は環境の多様な変化、屈伸の利は自分の資源の投入と行動パターンの工夫、そして人情の理は戦場の将兵の心理である。その三つを総合的に考えてこそ、勢いを生み出せるし、勢いを活用できる。そう孫子はいっている、と私は考える。

九地の変と屈伸の利は戦場の物理的力学、人情の理は将兵の人間心理学、その二つの力学を両にらみで考えるのが孫子の基本的な考え方である。それが見事に表現されたのが、この言葉である。

勢いとの関連では、とくに人情の理を大切にするべきだろう。勢いとは、組織の集団心理の力学だからである。

そうした組織の心理は、事の成り行きとともに変化していくものである。最初は小さい勢いしかない。集団心理の高揚度合いはまだ低い。しかし、タメが作られ、一気に機が発せられると、その集団心理にポジティブなうねりが生まれる。その心理の変化をダイナミックに考えることが大切で、すべて動きの中での話なのである。だからこそ、千仞の谷に積水を落とす、というイメージがまことに適切なのである。

しかも、その心理の変化は、たんに人間関係の中や将のリーダーシップから生まれるだけのものではなく、九地の変や屈伸の利の使い方次第で動いていく。たとえば、戦場で敵が逃げれば味方の元気が出る。兵器が大量に届けば、これも勢いになる。

つまり、孫子の戦略的思考を総動員して現場の動きの中で作り出すものが、勢いなのである。

三　善く戦う者は、これを勢に求めて人に責《もと》めず

――勢いは人材を超える

「善く戦う者は、これを勢に求めて人に責《もと》めず」

「善戰者、求之於勢、不責於人」　勢篇（第五）［金谷］71頁

「戦いに巧みな人は、戦いの勢いによって勝利を得ようと求めて、人材に頼ろうとはしない」（勢篇〈第五〉［金谷］72頁）。つまり、戦場で戦う兵あるいは現場のリーダーの質よりも、戦場での勢いの方が大切、と孫子はいうのである。

それだけ、勢いを作り出す戦略が重要だという含意なのだが、現場の人材を二の次と考えているようなニュアンスがあり、多少の違和感を覚える読者もいるかも知れない。たしかに、人材よりも勢いの方がより重要だといっているのである。

孫子の真意は、たんに勢いの重要性を強調するだけではなく、その勢いを生み出す責任は将にあり、現場の責任ではないということを強調することにあろう。弓を張ってタメを作ることもせず、機を発して節を短にすることもせず、それでいて現場に勢いがないとなげく将あるいは経営者への警告である。耳の痛い経営者も多いのではないか。

ただ、人材というものの兵法全体での位置づけについて、たしかに孫子は最上級の重要性を置いていないようだ。現場の人材の能力よりも、将の戦略や軍政の大切さを孫子は強調するのである。

たとえば、第一章第二節で取り上げた、道を第一として法を第五順位とする、「君が兵を考える際に注目すべき五つの鍵要因」においても、将の位置づけは第四順位だった。将よりも重要な要因として、一に道、二に天、三に地があげられていたのである。

さらに『孫子』全体の中で、「善く戦う者」という表現で戦さの巧者あるいは用兵の巧みな者の特徴を直接的に議論している箇所が八カ所あるのだが、その中でなんらかの意味で将や兵の人材としての大切さに直接触れているのは、一カ所だけである。他はすべて、戦略で戦さの状況や構造を作ることの大切さを述べたものばかりである。たとえば、前節の「善く戦う者は、其の勢は険にして其の節は短なり」というのがその典型である。

そして善く戦う者の特徴として人材について触れているたった一つの箇所が、じつはこの節で引いている言葉なのである。しかもその言葉は、勢いの方が人材よりも大切、というもので、人材を最上位に置いた言葉ではない。

これは、たんなる偶然ではない。そこには、孫子の兵法の思考体系の中での、人材というものの立ち位置が表れている。

孫子は、個々の人間（とくに現場のリーダー）にできることは限られている、という現実的な哲学をもっていた。戦場の物理的力学、組織集団の心理的力学の前では、人はかなり無力である、と考えていたと思われる。だから、現場の人たちの努力に頼るのではなく、そうした力学のメカニズムを深く考え、それをうまく利用することこそ、兵法の極意と考えていたのであろう。したがって、「勢に求めて人に責めず」となる。

もちろん、私が本書で一貫して強調してきたように、孫子の深さは戦場の物理的力学と将兵の人間心理学を両にらみしていることにある。だから、戦場で人の心理を高揚させることに兵法の極意の一つがある、と考えている。

しかし、戦場での兵の心理は、その現場を預かるリーダーの個人的能力やリーダーシップによって高揚させるべきものというより、その現場の状況や構造がどのようになっているかによって決まってくるもの、と孫子は考えている。だから、そうした状況や構造を作り出すような事前の算、臨機応変の戦略こそが大切で、それによって現場の心理が影響を受けることを最重要視したのである。その「算」や「戦略」は、君や将の責任なのである。

つまり孫子は、戦いの帰趨を決するものとして、戦場の心理学を最重要視したが、その心理は「俺についてこい」式の現場のリーダーが生み出すものではなく、「兵をやむを得ざる状況に追い込む」戦略があるからこそ兵は戦う、「兵の勢いを作り出す」戦略があるからこそ兵は戦う、と考えていたのである。

言葉を換えれば、君や将が作る戦略によって現場の状況や構造を変化させ、そうした状況や構造の変化に現場の兵士の心が反応する。だから、現場の構造や状況という中間項を経由して、戦略が人の心を動かす、ということになる。そして、その動かされた人の心が勝利を呼ぶ最後の決め手になる、というのが孫子の兵法なのである。

こうした兵法の思考原理の下では、たしかに現場の人材の質は勢いを作る戦略よりも優先順位が低くなるのである。

この思考原理は、じつは企業の経営でも同じである。「俺についてこい」だけでは、大軍は動かせない。それよりも現場の構造を変える、状況を動かす経営によって、現場の士気への影響を考えるべきである。その意味で、俺についてこいと直接話法で語りかけるのではなく、状況や構造という中間項を経由したいわば間接話法の経営が、大軍の経営には必要なのである。それこそが、将や君の、企業のトップの、経営の本質なのである。

もちろん孫子は、現場の人間はどうでもいい、誰でもいい、と考えていたわけではない。「人に責めず」と明言したすぐ次の文は、こうである。

「能く人を択《えら》びて勢に任ぜしむ。勢に任ずる者は、其の人を戦わしむるや木石を転ずるが如し」

つまり、生まれてくる勢いを任せられる人間をリーダーに選ぶ必要があり、その人に任せて、木や石が転がっていくように勢いを生かしてもらう、というのである。動き出した勢いを止めない人、加速できる人を選ぶべし、ということになろう。

では、勢いの出た現場を任せられる人とはどのような人か。それについて、孫子は含蓄のある示唆をすぐ続けている。

「木石の性は、安ければ則ち静かに、危うければ則ち動き、方なれば則ち止まり、円なれば則ち行く」

勢いをもって動き出した木石にもこうした性《さが》があるということは、勢いを止めない人、加速できる人とは、「安定しそうになったら、安定をこわし、方（四角）になりそうになったら円になるようにする」、そんな人である。それは、危と円を重んじる人であって、安と方を大切にする人ではダメなのである。

こうして、勢いを止めない、さらには勢いを加速できる現場のリーダーの要件を孫子は語るのだが、しかし、勢いを止めないことと勢いをそもそも作り出すことの間の大きな違いを、孫子は意識している。

勢いを生み出すためには、動いていないものをまず動かすことが必要である。それには、大量のエネルギーが瞬間的に必要で、それだけのエネルギーが生まれるように工夫することと、転がっていく木石の勢いを維持することとは、まるで違うのである。

だから、孫子はさらに次のように続けて、勢篇を締めている。

「善く人を戦わしむるの勢い、円石を千仞の山に転ずるが如くなる者は、勢なり」

ふたたび、千仞の山を転げ落ちるイメージなのである。勢篇の直前の篇である形篇の最後の文章も、千仞の谷に積水が落ちていく様を語ったものだった（第六章第一節）。形篇では水、勢篇では円石が、それぞれ千仞の山や谷を落下していく。その似た表現を繰り返すほどに、孫子は勢いというものの大切さを強調したいのであろう。「タメを作り、しかる後に一気に放つ」という戦略的思考の重要性である。その戦略を作る経営者がまず大切なのである。そして、勢いを止めないよう配慮する現場の人とは、たしかに重要性に違いがあっておかしくない。

その違いが、「勢に求めて人に責めず」という言葉に凝縮して表れている。

四　兵には、弛む者あり、陥る者あり、崩るる者あり、乱るる者あり——組織崩壊の力学

「兵には、走る者あり、弛《ゆる》む者あり、陥る者あり、崩るる者あり、乱るる者あり、北《に》ぐる者あり。凡そ此の六者は天の災《わざわい》に非ず、将の過ちなり」

「兵有走者、有弛者、有陥者、有崩者、有亂者、有北者、凡此六者、非天之災、將之過也」

地形篇（第十）［金谷］133頁

これまで第六章では、勢いという前向きでポジティブな心理的エネルギーを経営の肝と考えて、それについての孫子の言葉を紹介してきた。しかし、勢いを生み出すことを考えるだけでなく、「勢いが衰えていく組織とはどのようなものか」についても、一方で考えておく必要があろう。

もちろん、勢いが戦略から生まれると孫子はいっているのだから、下手な戦略を打てば組織の集団心理は萎えていくだろう。勢いがなくなっていく組織の一つのパターンである。たとえば、無理な戦いに楽観的に突入して、そこで負ければ、それ見たことかと組織の心理は悪化する。

しかしもっと恐ろしいのは、目立った理由は見当たらないのにいつの間にか勢いがなくなっていく組織である。孫子の鋭い観察眼は、そうした「いつの間にか進行する組織の病」にも届いている。それが、この節で引いている言葉である。

孫子は、組織内の人間模様とキーパーソンの行動に左右されて、組織は弱くも強くもなる、と考えた。そして、この節のタイトルにしたように、弛む者から陥る者へ、そして崩れる者から乱れる者へと、段階を追って現場の兵と将の人間模様や心理が悪化するパターンを孫子は見いだし、それを「敗の道」と呼んだ。それは、組織が勢いをなくしていく「転落の工程」を語った言葉にもなっている。

ただし、孫子が地形篇（第十）で「敗の道」としてあげているケースは、六つある。この節のタイトルにあげた「弛む」以下の四つ以外に、「走る」と「北げる」という二つの敗の道である。この二者はいずれも、戦場での物理的力学が圧倒的に弱い（つまり自軍の兵力が小さい）場合で、そんなときには兵が散り散りになったり（走る）、戦場から逃亡する（北げる）、というのである。この二つは、いわば下手な戦略の例である。ここでは、この二つをのぞいて、組織内の人間模様に焦点があたっている残りの四つの敗の道を考えよう。

孫子は軍組織の構成員を、卒、吏、大吏、将、と下層から上層への四階級に分けて考え、彼らの間の関係や人間模様で組織全体の空気や心理がどう変わるか、を考えた。

まず、弛《ゆる》むと陥るの違いは、卒と吏の関係による。吏とは、兵卒の直属の上司になる下級幹部のことである。孫子は冒頭の言葉の後、こういう。

「卒の強くして吏の弱きは弛と曰う。吏の強くして卒の弱きは陥と曰う」

つまり、兵が強くて下級幹部（吏）が弱いと、軍は弛む。抑えがきかなくなるからであろう。そして逆に下級幹部が強くて兵が弱いと、軍は落ち込む、つまりは元気が出ない。こんどは抑えがききすぎて、現場の士気が下がる、というのである。組織の動きが鈍くなる状態だと思えばいい。

次は、上級幹部（大吏）と将の行動が組織全体の弱みになるケースである。それが、「崩れる」と「乱れる」で、もちろん「弛む」や「陥る」より悪く、「乱れる」は「崩れる」よりも悪い。

組織が崩れるのは、上級幹部が思慮浅くして勝手な行動をとるときだ、と孫子は続けて次のようにいう。

「大吏怒りて服せず、敵に遇えば懟《うら》みて自ら戦い、将は其の能を知らざるは、崩と曰う」

上級幹部が将のいうことに怒ってそれに従わず、怨み心で自分勝手に戦さを仕掛ける、そして将も自他の能力をよく知らない場合には、軍は崩れる、というのである。組織としての指揮命令系統が機能せず、しかも勝手にバラバラに行動すれば、組織全体としては崩れるのも不思議ではない。

さらに、「乱れる」とは、もっと組織としての体をなさず、将も無能な場合である。

「将の弱くして厳ならず、教道も明らかならずして、吏卒は常なく、兵を陳《つら》ぬること縦横《じゅうおう》なるは、乱と曰う」

将が弱くて厳しくなければ、行くべき道は教えられず、吏も卒も何をしていいか分からず、陣立ても気ままになる。だから、軍はバラバラになり、負けてしまう。それを乱れるといい、崩れるよりもさらに悪い。

こうして孫子は、「敗の道」を指摘した後に、それは天災ではなく将の過ちだ、と厳しく断じている。将の部下たる兵卒、吏、大吏たちのそうした人間模様や行動を引き起こすこと、そして放置すること、それは将の過ちなのである。

しかし、この四段階の「転落の工程」に自分の組織が入ってしまっているかどうかを見極めるのは、案外むつかしい。

たとえば、兵と吏の関係の強弱を知ろうとするとき、その強弱の情報が上に伝わるとすれば、それを知りえて伝えるべき立場にいるのは吏自身であろうが、彼らが正直に「自分の方が兵より弱い」と上に伝えるだろうか。さらに、その上の大吏が彼らなりの現場観察から「兵より吏が弱い」と上に伝えることも、案外少なそうだ。そんなことを上に情報として上げれば、「なぜそんな状態にしておくのか」と将から叱責されるのがオチだからである。

こうして都合のいいように脚色された情報しか上に上がらない可能性が高く、したがって誰も手を打つことなく「いつの間にか」転落の工程が進んでいく。

その上、将について大吏が怒るとか、将に能がない、さらには将が弱くて厳しくない、道を教えられない、などという将自らにかかわる弱点などは、将が自分で客観的認識などできそうもないと考えた方がいい。

己の組織の弱点はかえって知りにくいということは、いったん「転落の工程」にはまってしまうと、それは「いつの間にか」進行する病になりやすいことを意味する。

多くの日本企業の国際的な実力に、二一世紀に入る頃から陰りが見えてきたようである。昔は世界最強だったはずのいくつかの産業の威光がどんどん陰っていく。それは、孫子のいう「敗の道」をいつの間にか進んできたからではないか。

全盛期の日本企業は「卒も吏も」強かった。しかし、卒の強さに甘えてか、一部に弱い吏が生まれてしまうようになる。それでも兵卒は強かったので、企業としての成果はあがっていた。だが、組織が少しずつ弛み始めた。

しばらくすると、兵卒上がりの下級幹部が現場の中心になり、新しい若い世代が兵卒として入ってくる。彼らの多くは生まれつき豊かに育った多少ひ弱な世代である。そこで、強い下級幹部が以前よりひ弱になった現場を指導するようになる。そこで、「卒弱く吏強し」という状態になる。それで組織は「陥る」。

そうした時代には、昔の強かった吏が上級幹部（たとえば事業部長）になっており、陥っている組織にイライラするようになる。しかし、本社は適切な手を打ってくれない、と将への不満が募る。そこで、現場の考えで戦略を打ったりする。いわば、勝手な戦略である。

それをきちんと止めるほどの能力や気概が本社になければ（つまり将にその能がなければ）、孫子のいう通り、組織は崩れていくだろう。しかし、だからといって、本社がむやみに強権を振り回して現場を押さえつければ、組織の勢いはますます出なくなる。

ただし、まだ「乱れる」にまでは至っていない企業が多いことを祈りたい。そして、病の進行してしまった企業は、回復の王道が本書の第一章に書いた経営の本質という原点に戻ることだ、と思い起こすべきだろう。

五　兵に常勢なく、常形なし——経営とは、リズムである

「兵に常勢なく、水に常形なし。能く敵に因りて変化して勝ちを取る者、これを神と謂う。（中略）日に短長あり、月に死生あり」

「兵無常勢、水無常形、能因敵變化而取勝者、謂之神、（中略）日有短長、月有死生」　虚実篇（第六）［金谷］87頁

いよいよ、本書の最後の言葉を紹介する段になった。本全体の「止め」として、孫子の思考の基本に流れる哲学、勢いの盛衰についての哲学を象徴するような言葉で終わろう。

この言葉は、虚実篇（第六）の最後のくだりにある。兵の勢いについて、「常勢なし」と意味深長な言葉が出てくる一文で、兵の勢いはつねにあり続けるわけではな

い、と解釈できる。

孫子は、勢いを作り出すことの戦略的重要性を強調しているのだが、さすがは孫子で、その後を締めるように、「つねに勢いがあるのがいい、勢いを保ち続ける必要がある、とだけ思ってはならない」と警告しているのであろう。

水に形がないように、勢いにも常なるものがあるわけではない。敵の変化に応じて自分の対応をきちんと変え、それで勝ちを取るものが、神ともいうべきよき姿である。一日の長さも年間で変わるし、月には満ち欠け（死生）がある。そうしたリズムのような変化は勢いにもあって、つねに同じではない。そうではない方が自然である。

こんな意味になると思われる文章が、虚実篇の最後の最後に登場するのである。

原文では、「日に短長あり」の直前に、「故に五行に常勝なく、四時に常位なく」とあるが、それまで引用すると長くなりすぎるし、かえってそれがない方が読者に分かりやすいと思い、その部分を省略して引用した。しかし、この文意の私なりの説明をするには、五行や四時の話もした方がいいかも知れない。

五行とは、木・火・土・金・水という気のめぐりのことで、木は土に勝ち、土は水に勝つ、という風に、どの気もつねに勝っているわけではない。四時とは四つの季節（春夏秋冬）のことで、つねにどこかの季節が居座るということもない。もちろん、日の長さには長短があり、月にも満ち欠けがある。自然はそうしたリズムで動いている。兵の勢いもまた、リズムをもって動くのがふつうである。

だから、つねに兵の勢いをフルに保とうと考えるのには、無理がある。勢いが盛んになれば、その後には衰える時期もくるだろう。一度生まれた勢いも、いずれは衰える運命にあるのが常である。それへの備えを、戦略としてあらかじめ考えておいた方がいい。

あるいは、勢いがつきすぎて暴走することもありうる。木石は転がりすぎる危険もあるのである。そんな暴走を防ぐためには、勢いが出てきてある程度の時間が経ったら、その勢いを意図的に減ずることも考えなければならない場合がある。

勢いはまことに大切だが、それを一本調子に考えてはならない、という孫子の戦略的思考が、ここに引いた言葉の意味だろう。

私がこうした解釈ができると考えたのは、ここに引いた言葉に曹操がつけた注釈を読んだときだった。曹操は、「兵に常勢なし」という部分に「勢い盛んなれば、必ず衰える」と注釈する。さらに、「月に死生あり」という部分に、「勢いには常なるものはなく、敵に合わせて勢いを出したり出さなかったり、伸び縮みをすべし」という注釈をつけている。

つまり曹操は、「リズム感をもって勢いを統御する」という戦略的発想をしているのである。孫子の言葉にはそこまでの明示的な表現はないが、さすが曹操だと感じた。おそらく、それが孫子の真意ではないか。

つまり、勢いを意図をもって変化させることが、戦略的思考として重要なのである。勢いを作り出すことだけに焦点を絞りすぎて、視野狭窄にならないように、勢いのリズムを考えるべきなのである。

勢いのリズムを考えないと、どんな具合の悪いことが起きるか。

勢いが集団心理のプラスのフィードバックであることを思い起こすと、それが永遠に続くことなどあり得ないことがすぐに分かるだろう。いくらお互いに刺激しあっていても、どこかで限界がくるのが、人間の常である。それを忘れて、つねに勢いを高いレベルで保ち続けなければならないと思ってしまうと、戦略に無理が出る。その無理が、相手につけ込まれる隙を生んだり、あるいは心理的疲労の蓄積を自軍の内部にもたらしたりする。

そうなってしまうと、一気に下降局面に突入しかねない。マイナスの勢いになってしまう危険性があるのである。

こうして勢いにはリズムを考えることが必要だ、と孫子はいっていると思われるのだが、さらにいえば、リズムをもたせるべきは、勢いだけではなさそうだ。さまざまな戦略的思考の局面で、単調な一本道はどうも本質から外れる。孫子が譬《たと》えを引きたがる自然の世界にも、そんな単調な例は少ない。リズムがあちこちにあるのである。

だから、勢いのリズムだけではなく、虚実のリズム、迂直のリズム、奇正のリズムなどなど、戦略の基本要素をリズミカルに組み合わせることを考えるべきなのだろう。

ここに引いた虚実篇の最後の文章が、「月に死生あり」で終わっていることの意味は、深そうだ。つまり、「月に死生あり」が虚実篇の締めの言葉なのである。月の満ち欠けは、自然界でもっともリズミカルな現象の一つである。したがって、「リズム感のある戦略のダイナミックな変化と統御」。それが、ここで引いた言葉の背後にある、孫子の戦略的思考の本質だと思われる。

「月に死生あり」という言葉の戦略的含意をこの節を書くために考えていて、私は本書で孫子の兵法の見本の例としてあげてきた、サムスンのことを思い出していた。一〇年近く前に、日本サムスンの役員会に講演で招かれたときのことである。

私の話の主題は、半導体メモリーと液晶パネルでのサムスンの見事な戦略の分析だったのだが、講演が終わった後、「今後のサムスンのやるべきことはなんだと先生は思われますか」という、きわめて前向きな質問が役員の一人から出た。それに対して私は、「月は満ちれば欠ける」と瞬発的に答えたのである。欠けることを前提に考えるべし、という意図であった。

もちろん、そのときの私は、『孫子』のここに引いたくだりのことは知らなかった。しかし、自然の摂理のようなものが頭に浮かんで、とっさに出た答えだった。多少の緊張がその場に流れたような記憶がある。もちろん、なごやかさの中の、一瞬の冷気にすぎなかったが。

自然の摂理ということを考えると、リズム感だけでなく、孫子の戦略的発想の根底には自然の摂理への深い理解と尊敬の念とでもいうべき感覚がある、と私には思える。自然界で起きる現象から社会や人間の動きの原理を学ぼうとする、そんな感覚である。だから、積水、木石、千仞の谷、円石、月、日、五行、四時といった、自然界の譬えが全編にわたって頻繁に登場する。

つまり、リズム感をはじめとする自然の転生の感覚を込めて、自然の摂理をベースに戦略を考えよ、と孫子はいっているように思われる。それは、老子の哲学を思わせる、孫子ならではの戦略的思考である。戦さも生き物、軍も生き物、兵も生き物、そうした生き物たちの絡み合いの場としての戦場での兵の動かし方の基本方針は、生き物らしく自然の摂理に沿った方針でなければ、長くは機能できない。孫子のいいたいことの本質の一つは、このようにまとめられそうだ。

企業の戦略の世界もまた、同じであろう。

企業も生き物、働いている人たちももちろん生き物、組織も競争相手もまた、生き物なのである。

結　余韻

「大きく打てば大きく響き、小さく打てば小さく響く」

幕末に坂本龍馬が西郷隆盛を評して、こう勝海舟に語ったという。西郷の器量の大きさをきわめて良質な鐘になぞらえた言葉である。

『孫子』も同じだろう。深く読めば大きく深く響き、浅めに読んでもそれなりに響く。『孫子』は、いかようにも響いてくれる。

そして、鐘は打ったときに生まれる響きだけでなく、打ってしばらく残響が続く。余韻である。その余韻が長いほど、心地いいほど、いい鐘である。

『孫子』も、読み手によってさまざまな余韻を残すだろう。孫子の言葉の深さゆえの、視点の鮮烈さゆえの、思考の広がりゆえの、あるいはそのリアリストぶりゆえの、さまざまな余韻がありうる。

孫子は、素直にしかし詳細に状況を観察し、深く人間心理に立ち入り、現場想像力豊かに事の展開を推測し、そしてとるべき行動の本質にずばっと斬り込む。なるほど、そこまで考えるか、と私はたびたび思わされた。

その「そこまで」感が、余韻となって残る。それが、私にとっての『孫子』の余韻の一つである。

たとえば、謀攻篇（第三）で、相手と自軍の戦力の大小と用兵の法との関係を述べた有名なくだりがある。「敵の十倍の兵力があれば、包囲戦が可能である。敵の五倍の兵力なら会戦で攻撃を仕掛けてよい。敵の倍しかなければ、相手を分断するべし」と用兵のパターンを述べているところである。そうした勝ちのパターンを述べた後にこんな言葉がすらっと出てくる。

「少なければ則ち能くこれを逃れ、若《し》かざれば則ち能くこれを避く」（謀攻篇〈第三〉［金谷］48頁）

敵より兵力が少ないなら、逃げるべし。とてもかなわないほどの兵力差があるのなら、さっさと避けて隠れること、と孫子はいう。自軍に十倍の兵力がある場合から圧倒的に劣位の状況まで、すべての場合を考えているのである。

その上、逃げる、隠れる、と状況に応じた最適な「負け方」を書いている。勝利の方程式を書くはずの本で、負けのあり方がすんなりと出てくるのには、驚いた。たしかに、シンプルな戦場の物理的力学の原理を、すべての状況で一貫して適用しているのだが、私なら、ついつい負ける状況のことは書かないで済ませるかも知れない。

だから、なるほどそこまで、と余韻が残る。

あるいは、軍争篇（第七）で戦場での集中統一の方法とその大切さを論じたくだりに、次のような言葉がある。


「人既に専一なれば、則ち勇者も独り進むことを得ず、怯者も独り退くことを得ず」

（軍争篇〈第七〉［金谷］96頁）


多くの人が、現場での意思統一、ベクトル合わせの重要性を知っている。だが、集団行動で統一が必要な理由を、勇敢な人が独走することを防ぎ、怯える人が勝手に後退することを防ぐため、と両面から喝破されると、なるほどと感じ入る。

たしかに現場の乱れが出るのは、どこかで単独行動が出るためだが、前向きの単独行動も後ろ向きのそれも、等しくまずいと冷静に孫子は考えているのである。ふつうは、逃げ腰の人ばかりに目がいきがちではないか。

現場で起きがちなことをそこまでリアルに想像した上で、全体として重要なことは何かを孫子はきちんと考えている。だから、「なるほど」と余韻が生まれる。

さらに、孫子は「形と虚実の工夫を重ねて、戦さに勢いをもたらすことが重要」と考え、兵力の形のあり方を形篇と虚実篇でいろいろと論じているのだが、その最後の部分できわめつけともいえる次の逆説を登場させる。

「兵を形《あらわ》すの極は、無形に至る」（虚実篇〈第六〉［金谷］85頁）

こちらが無形になれば、相手は形で応じようがなくなり、なぜ負けたのかも分からなくなる。

たしかに無形になればいいということは分かるのだが、この逆説は、形をいろいろとすべて考え、極めた人だからこそ、いえる言葉である。そこまで考えてはじめて、この逆説の真実に到達できる。その到達感が、余韻を生む。

ここでは私が余韻を感じた言葉を三つだけ例示したが、『孫子』にはあちこちに余韻を生みそうな言葉がちりばめられている。

だから、『孫子』全体を読み終わったとき、読み手の中にはそうした個々の余韻が積もりに積もって、深い残響が心に残る。

その残響の深さと広がりが、本全体の余韻となる。その余韻が、『孫子』をたんなる兵法の書にとどめず、人生の書にまで昇華させてきたのであろう。

あとがき

「余韻」という名の結びで、この本の本編は終わったが、書き手の私の中にはまだ余韻が残っている。書いていて楽しい本だった。孫子の言葉にいろいろと考えさせられることが多く、それ自体が楽しかったし、私が感じたことを読者にどう伝えるか、それを工夫するのも楽しかった。

『孫子』自体の本としての流れとはまったく別に、経営の世界の体系にもとづいて各章を立てて、内容を組み替える。各節のタイトルには孫子の言葉を用いる。その言葉のなぜを考え、その言葉をもとに経営の世界への適用を考える、そんなエッセイを書く。長さは、各節を三〇〇〇字程度にして、読み切り風にする。

それがこの本のスタイルだが、それは本の構想を練るごく初期の段階で、自然に出てきたアイデアだった。経営学者の書く孫子本、ということを意識したからかも知れない。これまでに多く出ている『孫子』に関する本とは、少し趣の違う本ができたかと思う。

私がこの本のために『孫子』から選んだ名言は、各節のタイトルにしたものだけを数えれば、三〇にすぎない。そして選んだ三〇の言葉も、「伊丹流」の『孫子』という果実の味わい方にすぎない、とつくづく思う。読者のみなさんには、ぜひ原典を読んでほしい。ここには取り上げなかった言葉で、深く感銘を受けるものがあるに違いない。

ただ、『孫子』はそもそもが兵法の書で、戦さの実務についてのディテールを語っている部分も多い。たとえば、軍の構成は戦車一〇〇〇台、武具をつけた兵士一〇万人にすべし、といった具合である。そこは現代の経営に興味のある読者には、かえってうるさいかも知れない。だから、私は経営の体系を考えての組み替えをしたくなったのである。

この本は、ひょんなことから生まれた本である。『経営戦略の論理』の改訂版（第4版）の執筆が終わった頃、担当編集者である堀口祐介さんが「孫子についての本を書きませんか」と企画を持ち込んでこられた。二〇一二年の春だったと思う。『経営戦略の論理』の原稿の中で、私が孫子の言葉を引用しているのが目に付いたから、というこ とだった。

改訂原稿を書く際に、あらためて『孫子』を読み直して、その深さに感じ入ったのはたしかだった。しかし、「この私が孫子?」と、最初は気楽にお断りした。だが、思い出してみると、『経営戦略の論理』の初版を三〇年以上も前に書いたときに、すでに私は『孫子』から言葉を引用していた。共感するものが昔からあったのだ。

それに、中国の古典に親しむことも最近は多くなっていた。年齢であろうか。そこで、考え直して堀口さんの話に乗ることにした。経営学者として、経営の観点から読み解いてみるのも、自分にとっても面白かろう、と考えたのである。

そういう本はあまりなく、孫子の解説書は中国文学者や戦史家によるものが多い。それに、ビジネスの世界に孫子を翻案しようという一般読者向けの翻案がかなりある。私も、第三の分類の一人であろうが、それを現役の経営学者がやっている例はあまり見たことがない。

だから、私の読み解きが「妙に小むつかしい」と感じる方もおられたかも知れない。それには、「まあ、伊丹だから仕方ありません。これは、伊丹の孫子本です」とお答えするしかない。ただ、小むつかしいところもあるが、経営との関連の深さもよく分かった、といってくださる読者が多いことを、願うのみである。

そうでないと、企画を提案していただき、編集も迅速にしてくださった堀口さんにも申し訳ない。企画から編集まで、いつもの通り感謝の言葉あるのみである。

時あたかも、孫子に関する本が数多く世に出る時期になっているようだ。私はそんなことは知らずに勝手に書いていたのだが、しかし孫子を私が書きたいと思った気持ちも、時代の流れの中の一コマなのだろう。

視点の深さ、譬えの豊かさ、指摘の具体性、微妙な分け入り、表現の鋭利さ、いずれの点でも『孫子』は深い感銘と余韻を生む本なのである。今の日本が、孫子を必要としているのかも知れない。

二〇一四年五月

伊丹 敬之

【参考文献】

浅野裕一『孫子』講談社学術文庫、講談社、一九九七
天野鎮雄『孫子・呉子』（新釈漢文大系36）明治書院、一九七二
金谷治（訳注）『新訂 孫子』岩波文庫、岩波書店、二〇〇〇
許成準『超訳孫子の兵法』彩図社、二〇一一
白川静『字通』平凡社、一九九六
杉之尾宜生（編著）『戦略論大系①孫子』芙蓉書房出版、二〇〇一（改訂版は『［現代語訳］孫子』日本経済新聞出版、二〇一四）
中島悟史『曹操注解 孫子の兵法』朝日文庫、朝日新聞出版、二〇一四
長尾一洋『小さな会社こそが勝ち続ける 孫子の兵法経営戦略』明日香出版社、二〇一〇
平田昌司『「孫子」 解答のない兵法』岩波書店、二〇〇九
村山孚（訳）『孫子・呉子』（中国の思想）徳間文庫、徳間書店、二〇〇八
守屋洋『孫子の兵法　考え抜かれた「人生戦略の書」の読み方』知的生きかた文庫、三笠書房、一九八四
山井湧『孫子・呉子』（全釈漢文大系22）集英社、一九七五

本書は2014年7月に日本経済新聞出版社より刊行した
『孫子に経営を読む』を文庫化したものです。

日経ビジネス人文庫

孫子《そんし》に経営《けいえい》を読《よ》む

2021年8月2日 第1刷発行

著者
伊丹敬之
いたみ・ひろゆき

発行者
白石 賢

発行
日経BP
日本経済新聞出版本部

発売
日経BPマーケティング
〒105-8308 東京都港区虎ノ門4-3-12

ブックデザイン
鈴木成一デザイン室

本文DTP
マーリンクレイン

印刷・製本
中央精版印刷

Printed in Japan ISBN978-4-532-24009-7